JN296140

公益と公共性

公益は誰に属するか

小坂直人

日本経済評論社

目　次

序　　離島の灯り …………………………………………………………… 1

第1章　エネルギー・環境と規制緩和 ……………………………………… 7

　　1.　「成長の限界」と「環境の限界」　7
　　2.　環境負荷の集中と拡散　13
　　3.　「市場の失敗」と「政府の失敗」　17
　　4.　民営化とエネルギー規制緩和　21
　　5.　社会的規制とセルフ・コントロール　28

第2章　電力自由化時代のエネルギー産業 ………………………………… 37

　　1.　史上未曾有の「臨界事故」　37
　　2.　電力自由化とは何か　39
　　3.　自由化施策から抜け落ちたテーマ　41
　　4.　エネルギー産業の特色と位置づけ　44
　　5.　公益事業の多角化　54
　　6.　ユニバーサル・サービスと供給責務　56

第3章　有珠山噴火とインフラ整備のあり方 ……………………………… 61

　　1.　自然災害とインフラストラクチュア　61
　　2.　有珠山地域の電力系統と供給力　63
　　3.　復興に向けた復旧活動　76
　　4.　今後の復旧対策への教訓　80

第 4 章　電力自由化の基本問題………………………………………… 85

 1.　アメリカ北東部大停電事故　85
 2.　電力事業の規制緩和と自由化　86
 3.　ネットワーク・ビジネスと複合型エネルギー供給問題　94

第 5 章　公共圏論における公益事業の位相 ……………………………… 109

 1.　「公益事業論」と公共性　109
 2.　いわゆる「公共圏」とは何か　112
 3.　公益事業概念とハーバーマスの公共性論　135
 4.　公益事業論における「公益」　138
 5.　電力自由化と公共性論　149

第 6 章　郵政事業の公社化と構造改革…………………………………… 157

 1.　郵政公社の成立　157
 2.　郵政事業の公社化をめぐる論点　158
 3.　郵政事業と構造改革　170
 4.　郵政事業と構造改革のゆくえ　179

結　　　無灯火集落解消問題と公共性…………………………………… 187

 1.　ユニバーサル・サービスとしての電気供給　187
 2.　第 2 次大戦後の無灯火集落解消政策　189
 3.　農山漁村地域における電気事業経営　193
 4.　共同受電自家用方式の一般供給への切り替えについて　196

参考文献　207
あとがき　213
索　　引　217

序
離島の灯り

　北海道における離島のひとつ，天売，焼尻両島の電気事情について次のような記述がある．

　戦後，北海道開発が脚光を浴び，各地でさまざまな開発プロジェクトが推進された時，開発後進地域として取り残されたのが，日本海沿岸のかつてのニシン漁場だった．北海道開発の光と影——天売・焼尻の両島は長い間，その影の部分でひっそりと息づいてきたといっていい．
　羽幌の北西約25キロメートルの沖合いに浮かぶ天売・焼尻の両島は，いずれも周囲12キロメートル，面積も5平方キロメートルちょっとと，まるで双子のような小島である．緑と花でおおわれた小高い丘が海に浮いているような焼尻島．そしてオロロン鳥が群れをなして飛び交う海鳥の楽園，天売島．たしかに両島の自然環境はすばらしい．しかし，そこで生活するとなると話はまた別であることは，だれが考えても明らかであろう．交通の不便な離島，日本海の荒波に翻ろうされる冬の厳しい日々．生活文化の面でも島の人々は，戦後ずっと大きなハンディキャップを背負わされてきたことは想像にかたくない．——中略——
　そして，昭和45年．この年は島の人々にとって記念すべき年になる．当時，焼尻小学校の6年生だった1少女は作文にこう書いている．
　「北電のおじさんへ．
　おじさんありがとうございます．

私は電気が晩5時ごろから夜までついていたとき，電気せい品が使えなくて不便だと思いました．でも夜も昼もついたので電気せい品が使えるようになりました．
　私の父は発電所の機械をかけたりしていました．晩方5時ごろになると発電所の機械をつけにいきました．母がおべんとうをもっていきました．そして，電気を消す11時になると，父は機械をとめて電池をつけて帰ってきました．そして母はバッテリーをつけてようさいをしながらまっていました．
　でも，今は電気がついています．夜にかえってくるときも，家にかえったときもいつも電気がついているのです．私も朝7時ごろからおきてテレビをみています．ずっと電気がつくようになってとても便利になりました．ありがとうございます．――中略――
　当時，ほそぼそと運営を続けていた道内各地の共同自家用施設[1]の引取りを進めていた北電にとって，小学生から寄せられたこの感謝の手紙は，大きなはげみになったことはいうまでもない[2]．

　洋の東西を問わず，電気事業が始まるのはまず都市においてであった．農村部や離島など人口の希薄な地域は費用と収益の関係でどうしても事業採算的に難しかったからである．しかし，電気が，日々の生活においても，また電動機の普及後は生産動力としても有力であることが明らかになるにつれ，これを求める動きがこれら地域でも活発化するのである．結局，都市部の事業者から見離されたこれら地域では，自前で，たとえば電気導入組合などを組織して電化を達成しようとするのである．すでに述べたように，天売・焼尻においても，漁業協同組合が中心になって電気事業に乗り出すのである．
　鹿児島県屋久島も，同じく離島であり，電気事業を立ち上げるに当たっては大きな努力が必要であったことが推測される．現在，屋久島は「九州電力」管内に位置しつつも，きわめて特異な電力供給システムが展開している．島の北半分を占める上屋久町では，宮之浦など東側の約2,700戸を「町電気

施設協同組合」が，残り約1,500戸を「九州電力」が配電する．南半分の屋久町は，「JA屋久島」が約2,200戸，「安房電気利用組合」が約1,100戸に供給している．このうち，3組合は「屋久島電工」という民間会社から電力の卸売りを受けて配電事業を行なっている．これまで安価な水力発電に依拠できた3組合の電気料金は「九州電力」より低かったが，「九州電力」の相次ぐ値下げによって立場が逆転してしまった．そのため，3組合は配電事業を「九州電力」に引き取ってもらうための交渉に入ったが，有償を主張する組合側と無償を主張する「九州電力」側との対立が根深く，難航している．「九州電力」としては，ただでさえコストがかかる離島での事業を増やすことは，自由化を控えている今，得策ではないという判断がある．また，本土とは別に「離島料金」を設定する可能性も否定していない[3]．

　したがって，屋久島の電力供給は，現在進行中の自由化が行なわれる以前から「自由化」体制の下にあったことになる．「九州電力」を含む4事業者が島内2町に対する電力供給を行なっているからである．自由化が拡大していった将来の姿として，屋久島のケースを想定することも可能である．組合ではなく，市町村や民間企業が供給事業を行なう形態も考えられる．いずれにしても，既存の電力会社以外の供給主体が電気事業に参入するということである．ただし，上で見たように，屋久島のような離島では，結局コスト問題によって料金上昇が避けられないものとなり，島民にとって，自由化がもたらす恩恵がマイナスとなることも想定しなくてはならない．すなわち，供給責任ある事業者がユニバーサル・サービス供給から撤退する，あるいは，低料金，均一料金が望ましいユニバーサル・サービス料金について，コストに見合うだけの高料金負担を消費者に求める，という事態である．「九州電力」からの供給によらずとも安価なエネルギー源（水力）に依拠し得たという立地上の優位性がこれまでの屋久島における事実上の「自由化」状態の背景にあったと言えるが[4]，その優位性が消滅したとたん，供給責任ある「九州電力」への供給依頼へと傾くことになる．要するに，「自由化」による参入者は，既存事業者に比べてコスト優位の事業資源を有する間だけ事業展開

しようとする傾向から免れないのである（図0-1参照）．

都市再開発事業などに伴って展開されるコージェネシステムによる「特定供給」と，天売・焼尻両島や屋久島の事例に見られるような，かつて全国各地，とりわけ辺境地域の農山漁村や離島においてしばしば実施された組合組織等による一般供給について，室田武氏は，これを自由化論の観点で積極的に位置づけ評価している[5]．しかしながら，両者は似て非なるものである．前者は，既存の電気事業者の供給区域内における一部需要家の「蚕食現象」として，つまりは，既存事業者のテリトリー内への新規参入問題として捉えられるものであり，場合によっては，いわゆる「クリームスキミング」の問題として分析されるものである．それに対して，後者は，低採算領域ゆえに，都市部を中心とした需要密度のより高い地域に重点を置く電気事業会社から見離された結果として生まれたものであり，事業出発の客観的条件が正反対となっている．

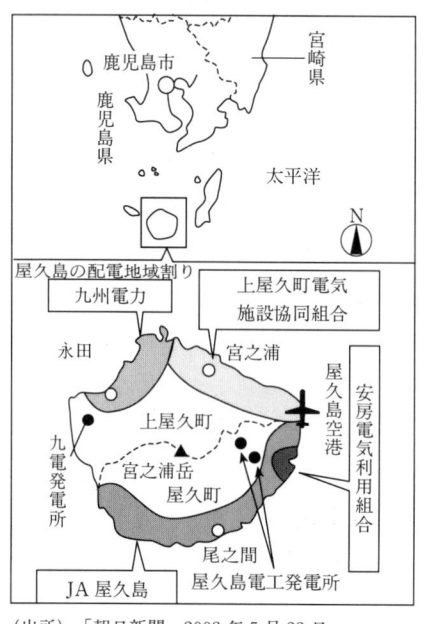

（出所）「朝日新聞」2002年5月22日．
図0-1　屋久島の電気事業

以上のような経験から，条件不利地域における電気事業が都市部を中心とした電気事業会社から当初見離されることになり，組合など自力の組織を形成することによって事業を始めざるを得なかったこと，そして，その事業が後に地域独占的な電気事業者に組み込まれるに当たっては，設備譲渡の技術的あるいは経済的な条件をめぐって厳しい交渉プロセスが存在したことが分かるのである．焼尻島の小学生の作文に素直に感動し，仕事に誇りを持つこ

とができた「北海道電力」の社員がいたことは間違いないであろう．そして，「公益事業」として離島のユニバーサル・サービス供給を守ることが電気事業会社の使命であると自覚している社員がまだ多いものと確信するものである．しかしながら，市場競争での勝利とそのための経営効率を求める自由化が，そのような使命感に燃える電力マンの内面を冷たく掘り崩す役割を果たし続けているようである．「九州電力」が屋久島での供給引き受けに必ずしも積極的になれない様子から，その点が見えてくるのである．

単に経済効率を求めるだけの自由化が，地域の人々に何をもたらすのか，それは，少なくともプラス面だけとは限らないし，都市部と農山漁村部とでは，結果がまるで異なることもあると予想される．人々の生活にとって不可欠となる財・サービスの供給を使命とする「公益事業」がこうした問題に無頓着であっていいはずがない．ユニバーサル・サービスとは何か，また，そもそも「公益」とは何か，「市民的公共性」とは何か，という問いに，改めて真剣に向かい合わなければならないと考えたことが，本書執筆の動機である．

注
1) 都市部のように十分な需要密度が得られず，また電気事業会社の送配電線から著しく離れているため，「公益事業」たる電気事業会社であっても容易に電気供給をなし得ない地域がある．離島や山間へき地である．このうち，当該需要家が共同で受電施設を設置し自ら需要家に配電する体制をとり，この受電施設に対し電気事業会社が電気を供給する仕組みがあり，これを一般に「共同自家用施設」あるいは「共同受電自家用施設」と呼んでいる．北海道は，その地理的歴史的経緯から，ことのほかこの「共同自家用施設」が多かったのである．また，離島の場合は，例外を除き，電気事業会社の系統から遮断されていることから，もっぱら自家用発電に基づき配電を実行するケースがほとんどである．天売・焼尻両島の「電気利用漁業協同組合」も，内燃力による自家発設備による供給であった（北海道電力『北海道における未点灯部落電化について』1965年参照）．
2) 北海道電力30年史編纂委員会編『北のあかり』北海道電力，1982年，238-239ページ．
3) 「朝日新聞」2002年5月22日参照．
4) 室田武『電力自由化の経済学』宝島社，1993年参照．
5) 同上書．

第1章
エネルギー・環境と規制緩和

1. 「成長の限界」と「環境の限界」
　　——人間はどのように自然を変えてきたか——

　われわれの日々の生活を成り立たせている財は数限りないが，その中でも欠くことのできないものを必需品という．必需品も，その必需度によっていくつかの段階に分けられる．食糧，それも主食と言って良いような財は必需品中の必需品ということになる．日本人にとって「コメ」はまさにこのような意味での必需品である．その「コメ」が手に入らないか，あるいは通常の何倍かの支払いをしなければ手に入らないという事態になれば，大きな混乱を呼び起こすことになるのは必至であり，1993年の凶作を直接の原因とする，いわゆる「平成コメ騒動」はこの点を誰の眼から見ても明瞭にした事件であった[1]．

　この「平成コメ騒動」から，ちょうど20年前の1973年10月，「第4次中東戦争」を契機にしてアラブ石油輸出国機構（OAPEC）が原油生産の削減を段階的に実施し，また，石油輸出国機構（OPEC）も原油公示価格を1974年1月までに一挙に4倍近く引き上げることを決定した（図1-1参照）．「石油危機」の到来である[2]．こうしたアラブ産油国の措置によって日本に石油が来なくなるという「宣伝」が政府・民間を問わず広汎なルートを通じて行なわれ，ガソリンスタンドには車が列をなして押し寄せ，灯油を求めて主婦

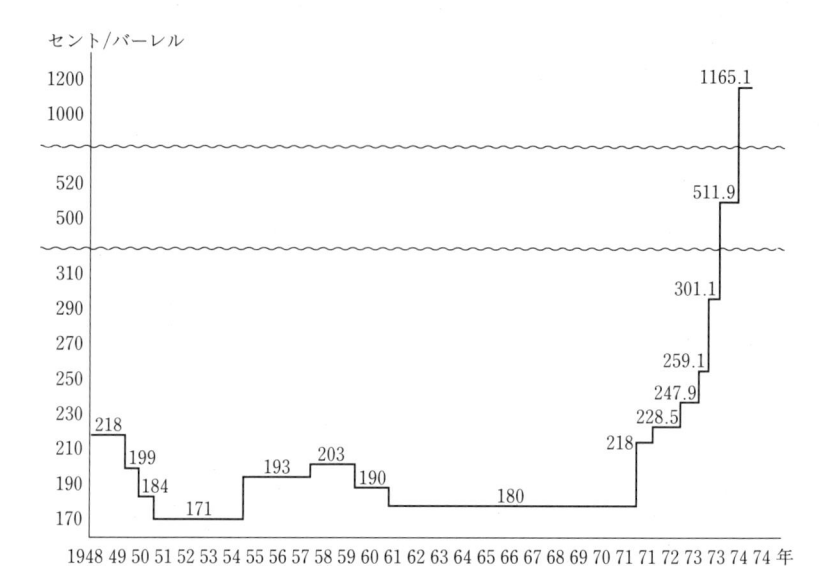

(出所)　高畠昭嘉「メジャー・産油国・消費国」，経済理論学会編『現代資本主義と資源問題』（経済理論学会年報第12集）青木書店，1975年，12ページ所収．

図1-1　原油公示価格の推移（アラビアン・ライト　API 34°）

があちこち走り回る光景が全国で見られた．この「石油危機」も必需品の供給が断たれたら国民生活がどうなるかを実に鮮やかに示した事件であったと言える．

　今から考えてみれば，「石油危機」は相当な作為の産物であったことが確認できるし，当時においても冷静な識者にはその作為性が見えたのではなかろうか．もちろん，ここで言う「石油危機」は資源枯渇宣伝に基づく「石油不足」という現象に象徴される事態をもっぱら指しており，その背後で進行していた国際石油資本による石油資源独占とその支配の下での産油国への抑圧，さらに，このような新植民地主義的な資源収奪体制を前提にしていた先進資本主義国による石油資源の浪費構造が産油国の資源ナショナリズムの高揚と先進資本主義国における「環境汚染」の拡大によってひとつの隘路にさしかかっていた，という意味での本来的な「石油危機」を指しているわけで

はない³⁾．いずれにしても，情報の要に位置し，国民に真実を伝えるべき政府は「危機感」ばかりをあおり，原油の「供給不足」と値上げを口実とした価格引き上げと売り惜しみによって石油業界が膨大な利益を享受することに手を貸したのである．原油の値上げを理由にしたその他の業界の便乗値上げについても同様である．当時，この危機感をあおる際に恰好の材料として用いられたのが『ローマクラブ「人類の危機」レポート・成長の限界』（以下，『成長の限界』と略記）である．特に同書の中で，石油の幾何級数的耐用年数が20年とされたことは石油資源の枯渇が間近に迫っているとの印象を与える上で最も効果的な指標であった⁴⁾．

このような『成長の限界』による「資源枯渇説」に対して，埋蔵資源の新たな発見，また資源価格の上昇による資源探査の増大などによって，埋蔵量そのものが拡大すること，したがってコスト的条件と技術的条件の変化によって資源枯渇はクリアできるという反論が絶えず行なわれてきた⁵⁾．『成長の限界』自身もこの点は考慮しており，現存埋蔵量が5倍になった場合の幾何級数的耐用年数を50年とはじいている⁶⁾．しかしながら，こうした反論は「石油危機」を不当にあおるために資源の枯渇化を取り上げる行為を批判するという限りでは正当であったが，石油資源の有限性を真摯に受け止めるという点では，明らかに弱点を持っていた．その結果，資源消費の拡大傾向の根源にある経済成長志向そのものに対する批判が弱くなるという傾向に陥っていたように思われる．「石油が手に入らなくなるかも知れない」と考えて走り回る国民に，「石油はまだまだ十分にある」と，「資源枯渇説」の誤りを強調するのはいかにも受動的，対症療法的な対応であった（表1-1参照）．

そもそも，『成長の限界』は「石油危機」の勃発に先駆けて，1972年には出版されており，そのための研究は当然その前から行なわれていた．したがって，『成長の限界』があらかじめ「石油危機」を想定して準備されたわけではない．『成長の限界』による「資源枯渇」問題の指摘は「石油資源」を含めた地球環境の限界をめぐるトータルな問題に関わっていた．「われわれは，食糧生産，資源消費，汚染の発生ならびに除去における，多くの困難な

表1-1 資源表

1 資源	2 現存埋蔵量	3 静態的耐用年数指標[1] (年)	4 予想成長率 (年平均)			5 幾何級数的耐用年数指標[2] (年)	6 現在埋蔵量を5倍にした場合,幾何級数的耐用年数指標 (年)
			高	平均	低		
アルミニウム	1.17×10^9 トン	1000	7.7	6.4	5.1	31	55
クロム	7.75×10^8 トン	420	3.3	2.6	2.0	95	154
石炭	5×10^{12} トン	2300	5.3	4.1	3.0	111	150
コバルト	4.8×10^9 ポンド	110	2.0	1.5	1.0	60	148
銅	308×10^6 トン	36	5.8	4.6	3.4	21	48
金	353×10^6 トロイ・オンス	11	4.8	4.1	3.4	9	29
鉄	1×10^{11} トン	240	2.3	1.8	1.3	93	173
鉛	91×10^6 トン	26	2.4	2.0	1.7	21	64
マンガン	8×10^8 トン	97	3.5	2.9	2.4	46	94
水銀	3.34×10^6 フラースク	13	3.1	2.6	2.2	13	41
モリブデン	10.8×10^9 ポンド	79	5.0	4.5	4.0	34	65
天然ガス	1.14×10^{15} 立方フィート	38	5.5	4.7	3.9	22	49
ニッケル	147×10^9 ポンド	150	4.0	3.4	2.8	53	96
石油	455×10^9 バーレル	31	4.9	3.9	2.9	20	50
プラチナ属	429×10^6 トロイ・オンス	130	4.5	3.8	3.1	47	85
銀	5.5×10^9 オンス	16	4.0	2.7	1.5	13	42
錫	4.3×10^6 英トン	17	2.3	1.1	0	15	61
タングステン	2.9×10^9 ポンド	40	2.9	2.5	2.1	28	72
亜鉛	123×10^6 トン	23	3.3	2.9	2.5	18	50

(注) 1. 静態的耐用年数:現在の年当り使用量が続いた場合現在埋蔵量がもちこたえる年数.
2. 幾何級数的耐用年数:資源消費の幾何級数的成長(第4欄の平均成長率)が続いた場合に,現在埋蔵量がもちこたえる年数.
(出所) デニス・L.メドウス他著,大来佐武郎監訳『成長の限界・ローマクラブ「人類の危機」レポート』ダイヤモンド社,昭和47年,44-45ページ.

トレード・オフについて述べてきた.今や,これらのトレード・オフは,ひとつの単純な事実——地球には限りがあるという事実——から生じていることが明らかとなった」[7]という指摘は,『成長の限界』のスタンスが単純な

「資源枯渇説」に基づいていたのではなく，むしろ「成長」と「地球環境の限界」という20年後の今日に対応する問題提起であったと言うべきであろう．

ところで,「経済成長」，あるいは「人間の生産活動」にとって自然が制約となるということはどういう意味なのであろうか．もともと生産活動にとっての自然制約は工業生産ではなく農業生産においてこそ固有の問題とされてきたものであって，土壌や気候など自然条件如何によって生産が規定されることを指していた．したがって，そうした自然条件を活かした，最も適合的な生産システムが農業生産に求められてきたと言えよう．その限りでは，自然との共生が農業生産の本来の姿である．そのような農業生産とはいえ，農業生産の成長のために，農耕地の外延的拡大と農業技術の改善が絶えず追求され，その過程において大規模な自然改造さえも行なわれてきたことは注視される必要がある．海や湖沼の干拓，井戸や農業用水の建設，品種改良や化学肥料の開発等である．しかしながら，このような自然改造にもかかわらず，労働対象が動植物である農業生産の場合，依然として自然制約下にある生産活動であるという基本は変わっていない．

ところが，工業生産の場合，このような意味における自然制約から解放されたところから出発している点に最大の特質がある．農業生産物が工業原料となる場合も含め，鉱産物などの主たる工業原料が安定的，継続的に供給されることが工業生産にとっての基本的要件となるからである．イギリスの産業革命期の石炭や鉄や綿花が工業生産の基礎をなしていたことは周知の通りであるが，これらの原料供給において，イギリスは国内および海外からの潤沢なルートに支えられて産業革命を成功裡に展開していった．そこまで遡らなくとも，わが国の高度経済成長がエネルギー的にはまず第1に中東からの安価かつ大量の原油輸入に支えられてきたこと，また基本的な工業原料たる鉱物資源（石炭，鉄鋼石，ボーキサイト等）もほとんど輸入に頼ってきたことは明瞭である．実は，農業生産とは異なり，とりあえず自然制約を免れているからこそ工業生産の大量生産化が可能なのであり，原料供給が技術的・

経済的に保証される限り，また生産された商品が市場に吸収される限り，生産が続行されることになるという関係がある．そこには利益追求という規定的媒介項を介していることが多いとはいえ，自然資源に依拠しながらも自然には存在しない加工生産物を作り続ける工業生産の産業的性格が反映している[8]．その必然的結果が「資源枯渇」であり，「環境汚染」であった．

このように，工業生産は自然からの資源の獲得を出発点にし，その自然には存在しない性質や形態をもった物に加工するということを本質的な契機とする生産活動である．したがって，その生産物の質によっては，決して自然に回帰することがない生産物を生み出すことになり，生産の上流においては，資源の略奪による枯渇化を，また下流においては，生産物およびその廃棄物の蓄積という事態を導くことになった．廃棄物の蓄積が「公害」という直接的被害を周辺住民に与えた場合に初めて廃棄物の対策が取られるようになる．しかし，それは地域的な限定がつけられ，廃棄物の排出者が特定されるケースに限られており，その意味では個別的であり，「特異なケース」という位置づけの枠を出るものではなかった．わが国の高度経済成長期を通じて問題となり，対策が議論されてきた廃棄物の蓄積問題は以上のような制約を持っていた．もちろん，この問題すらも十分に検討されず，効果的な対策が取られてこなかったがゆえに，「公害」が野放しにされ，被害が拡大してきたことを考えれば，この問題に光を当ててきた先覚者の努力はもっと評価されてよい．

しかしながら，それと同じか，あるいはそれ以上に注目されてもよい主張が『成長の限界』によってなされていたことが想い起こされるべきかもしれない．とりわけ，地球規模の環境汚染の進行についての指摘は注目される．そこでは，1人あたりのエネルギー消費の増加率，大気中の炭酸ガスの増加率（ハワイのマウナロアで西暦2000年までに約380ppmの水準に達するとの予測がなされている．）[9]等についての考察がなされ，「もし人間に必要なエネルギーが，いつの日か化石燃料のかわりに原子力によって供給されるようになれば，大気中の炭酸ガスの増加は結局とまるであろうし，炭酸ガスが

なんらかの測定しうるような生態学的, 気象学的影響をもたらす前にそうなることが期待される」とされ, そして「熱汚染は, 地球が正常に吸収する太陽熱のある量を上まわるほどになると, 気象上の影響をもつようになるかもしれない」[10]と述べられているのである.

以上のような主張は, これを全面的に承認できないにしても, 「地球温暖化」の議論を付け加えれば, そっくり今日の議論であることは明瞭である. しかし, 70年代初めにはこのような意味あいで『成長の限界』が取り扱われることはほとんどなかったように思われる. そこでは, 開発途上国の資源問題は他方における人口増加との関係で, 資源の有限性に根本的な原因があるとする「新マルサス主義」的な主張の代表として『成長の限界』が紹介されるのみであり, 地球環境についての全体的な問題提起については割愛されるケースが多かったように思われる[11].『成長の限界』が, アメリカをはじめとした先進資本主義諸国による新植民地主義的な資源支配の側面について直接には触れることはないにしても, 経済成長と資源の有限性そして経済成長によってもたらされる環境限界の問題提起をせざるを得なかった事実をひとまずは受け止める必要があったであろう. その限りでも, 問題はすでに単なる「成長の限界」としての「資源枯渇問題」から「地球環境の限界」に移っていたと言うべきであった.

2. 環境負荷の集中と拡散——産業再配置と「公害輸出」

産業立地論的な理解に基本的に従うならば, 特定の産業がどのような地理的条件のもとで最もよく展開しうるかを規定することは, ある程度可能であろう. その場合, 資源, 交通, 技術, 人口などが基本的な規定要因として考えられる. 経済主体としての企業の投資行動に即して言えば, 上記の諸要因をもとに投資効率を算定した上で産業立地なり企業立地が決定されることになる.

ところで, このような立地決定にあたって, 環境負荷の問題は従来どの程

度考慮されてきたのであろうか．とりわけ，集積の利益を求めて，特定の地域に企業が集中することによって生ずる環境負荷の増大がどれほど見通されてきたのであろうか．四日市公害において典型的に示されたように，特定の地域に産業が集中することは生産者の利益をもたらすことがあるにしても，一般には，その周辺地域や下流において必ずや廃棄物による環境負荷の問題を生じさせている．もちろん，産業の集中という事態にまで進まなくても，1つの企業が廃棄物の浄化や無害化処理を怠ることによって，廃棄物の垂れ流しを続けるならば，それだけで「公害」という結果をもたらすことになるのは明らかである．「チッソ」による有機水銀汚染（水俣病）や「昭和電工」による新潟水俣病はそのような意味での「公害」である．また，鉱山業の廃棄物による「公害」もこの種の「公害」であり，足尾鉱毒事件や富山イタイイタイ病はその顕著な例である．このような「公害」は被害が不特定多数の人々と広汎な周辺環境に及ぶという意味で，もちろん「公害」と言えるわけだが，もっとありていに言えば，むしろ「企業犯罪」であって，その面からの断罪がなされるのが筋道であろう．実際，多くの公害裁判で争われてきたのも加害者としての企業と被害者としての住民との間の係争点，したがって，公害病の原因特定と企業の社会的責任の問題であった[12]．

　しかしながら，産業集中にともなう「公害」には，以上述べたことが基本的にあてはまるとともに，加えて指摘されるべき問題が含まれている．すなわち，環境への有害物質を廃棄物として生み出す可能性が高い企業を特定地域に集中させることが与える環境負荷を前もって検討したかどうか，とりわけ，責任ある機関（国，自治体）がそうした検討の中心的役割を果たしてきたかどうかが問われることになる[13]．もちろん，有害物質といっても，物質それ自体が有害であり毒性を持っている場合と，通常は有害とは言えないが，一定の限界量をこえることによって有害となる，あるいは，食物連鎖などによって蓄積が進むことによって有害となる場合などがあり，環境負荷の検討には慎重な態度が求められることになる．少なくとも，具体的な実害がない限り対策を立てようとしないわが国の「公害行政」のありかたは問題が多い

と言わざるを得ない．有害性がほとんど確定している物質，たとえばダイオキシン類などについても，WHO（世界保健機構）が発ガンなど人体に悪影響がない値として1日摂取許容量を1～10ピコグラムの間に定めているのに対し，わが国では，「人体への毒性の影響がはっきりせず，環境基準を設けてこなかった」という実状がある[14]．毒性の強い有害物質ですら，こうした対応であるわけだから，まして，それ自体毒性を持たず，環境への放出量がどこまで可能かという方向でしか問題を見ていない物質の場合，規制対策が遅れてくるのは必然的であろう．

わが国の場合，すでに高度経済成長期の初期，1950年代の末期，あるいは1960年代の初めには京浜，阪神，中京，北九州という四大工業地帯において大気汚染と海洋・河川の水質汚染，さらに地盤沈下等の「公害現象」は確認されており，この四大工業地帯にさらに企業を集中させるために，東京湾や大阪湾の臨海埋立を強行していったのは，海洋の自然破壊を推し進めるという意味での「公害」を拡大したとともに，「公害」集積地域にさらに「公害原因」企業を集中させることになったという意味で，幾重にも過ちを重ねたことになる．おまけに，「新産業都市」や「工業整備特別地域」の推進が決定され，四大工業地帯の他に全国的に臨海型を中心とした産業の展開を促進していったのは，「公害列島化政策」以外の何物でもなかった[15]．

「公害原因」企業が四大工業地帯以外の地域に展開することによって，公害の全国化が始まるとともに，四大工業地帯をかかえた大都市圏では，大気汚染，水質汚濁，振動，騒音，地盤沈下，交通渋滞，ゴミ問題，日照権問題等新しいタイプを含め，ありとあらゆる「公害」に悩まされる事態となっていった．このような「公害」と並んで，土地と住宅価格の高騰，通勤距離の遠距離化，そして通勤ラッシュの苛酷化等，都市特有の生活環境は年を追うごとに悪化の一途をたどり，単に「公害」とその対策ということでは済まされない事態へと突き進んできた．こうした都市環境問題の中で，都市における「ゴミ問題」は生産活動との関係において特別の位置を占めている[16]．「ゴミ」は生産成果たる財の最終消費という，生産の最下流において生じて

いる廃棄物問題であると言えるが，その廃棄物が量的に急速に大きくなってきたことに伴い，都市という，一定の地域空間の中で処理することが困難となってきたことによって問題が発生するという側面と，そもそも廃棄物となった財それ自体が技術的に処理することが難しくなってきたこと，とりわけプラスチック素材のように，自然環境にそのままでは吸収されることがない素材が増えてきたことと，人体や環境に有害な物質が廃棄物として排出されるというところに基本的な問題があろう．現在までのところ，「ゴミ」の排出量を削減するという，最終消費を経た段階での減量化が主たる対策として講じられるケースが多いが，生産された財それ自体が「ゴミ」の予備軍であり，この予備軍の削減と予備軍をできるだけ長く予備軍として，言い換えれば，現役の財として活用する道がもっと追求されるべきなのであろう．また，東京など，大都市で処理しきれない「ゴミ」や「産業廃棄物」が周辺市町村や，はるか離れた東北地方や北海道に持ち出され，処分されるケースが目立って増えてきており，持ち込まれた市町村や住民との間でのトラブルも絶えない．こうした「ゴミ」の越境問題は，「ゴミ問題」がすでに個別自治体の専属問題ではなく，国家的な問題となっていることを示しているのであり，産業立地は「全国的視野」で考えるが，廃棄物処理については，「一般廃棄物」は個別の自治体に，また「産業廃棄物」は事実上民間の処理業者に委せてきたことのつけが回ってきたのである[17]．

　いずれにしても，環境負荷を生産の射程に入れた生産システムは従来のシステムのなかではマイナーな部分であり，最後のコスト要因としてのみ考えられてきたことは明らかであり，こうした部分を含めたトータルな生産システムの構築が求められているのが今日の実状である．その際，すでに見てきたように，わが国において，戦後一貫して追求されてきた国土開発政策，とりわけ産業立地政策のあり方が負の遺産として１つの素材を提供してくれるように思われる．石油化学，鉄鋼，非鉄金属等の重厚長大型の産業を太平洋ベルト地帯のみならず，それ以外の周辺地域に移植する形で立地させてきたことが，公害を全国に拡散させる効果を持っていたことの反省が重要である．

また，同様に，日本国内で立地が困難となってきたこれらの産業企業を途上国の開発政策と結びつける形で海外へ移植するケースも出てくる．立地困難となる原因としては，コスト要因が大きいが，中には公害型企業であるがゆえに海外へ進出せざるを得ないケースもあり，文字どおり「公害輸出」とも言える事態は公害の地球規模での拡散につながっている[18]．さらに，国内での「ゴミ越境問題」とも似て，国内的に処理しきれない「ゴミ」や「産業廃棄物」を国外，とりわけ環境規制が比較的緩やかか，あるいはほとんど行なわれていないようなアフリカ，中南米，アジア地域の開発途上国に持ち出し，中には有毒な「廃棄物」による被害も出るという事態が生じている[19]．このことは，先進工業国が国内的な「ゴミ問題」という矛盾を途上国にしわ寄せしていることを意味しており，新たなタイプの「公害輸出」の出現ということになる．したがって，こうした問題は途上国をも視野にいれたシステムとして考察される必要があるのであり，すぐれて国際的な問題であるという点も重要であろう．

3. 「市場の失敗」と「政府の失敗」——大量飢餓と大量廃棄物の時代

前節で見てきたように，生産システムを構築する際にどれほど環境負荷を前もって念頭に置いてきたか，という問いに対しては，否定的な解答を用意し得るのみであることが明らかとなった．そして，その基本的な要因は，生産システムの構成要素のうち，企業が関心を持つのが直接的な生産要素だけであり，生産活動によって生じる公害など外部不経済については，これを放置するか，あるいは国や自治体などの公共団体の要件としてきたことにある．わが国において，「公害問題」が国民的課題として取り組まれた際，革新政党や労働組合などからは，利潤原理を優先させたことに伴う必然的結果としての公害という評価がなされ，利潤原理を抑制する政府規制の強化が声高に叫ばれた．こうした主張は，いわゆる「市場の失敗」としての環境問題の指摘であり，その解決としての「公共規制」の要請であった[20]．

他方，大気汚染，水質汚濁など基本的な環境問題は資本主義諸国に特有な問題ではなく，ソ連をはじめとした社会主義諸国においても普遍的に見られる現象であり，「公害問題」は利潤原理から直接因果関係を説明すべきではない，という主張が根強く存在した．こうした主張はソ連など旧社会主義諸国の相次ぐ崩壊の中では，むしろ「社会主義体制」のもとにあった国々においてこそ環境問題が深刻であること，そして，それは「市場の失敗」ではなく，「政府の失敗」として捉えられるべきだという主張へと発展してくる[21]．

　ここでは，以上のような「市場の失敗」と「政府の失敗」という理論を基軸にして環境問題を考えることにするが，まず最初に確認しておかなければならないのは，「市場の失敗」と「政府の失敗」という2つの理論は相対立したものであるわけではなく，むしろ「市場と政府の失敗」として捉えられるべきであるという点である．とりわけ，わが国の「公害」の歴史を振り返るならば，利潤原理による生産活動がもたらした「公害」という面と，それを積極的に支援・助長してきた国・自治体という両者のパートナーシップこそが問題とされるべきであって，片方だけの強調は明らかに間違いであるからである[22]．したがって，ここでは両者のパートナーシップを前提とした上で，「市場の失敗」の側面から問題にアプローチしてみよう．

　外部不経済と「市場の失敗」というフレームワークにあっては，企業という生産主体が生産・投資を決定するにあたって考慮する要素の中には，一般的な生産環境としての社会資本は最初から入っていない．社会的な消費手段たる住宅や公園などはもちろんのこと，生産活動に直接貢献する産業基盤に関わる社会資本についても，これを国や自治体によって提供されていることを前提に投資決定をしようとする傾向がある．高度経済成長期を通じて，四大工業地域に産業が集中してきたのは，もちろん大都市圏としての「集積の利益」の恩恵に与ろうとする投資行動の結果であったが，上述のような社会資本の整備がこれらの地域において最も重点的になされてきたことに呼応するものであったことが見逃せない．だからこそ，四大工業地域以外で新たに産業誘致しようとすると，まずもって求められたのが，鉄道，道路，港湾，

工業用水などの産業基盤であり，工場用地の造成であり，そのための公共投資であった．ここには，生産活動にとって必要な要素のうち，直接生産に密着した部分を除き，その他の要素はできるだけ「空気」のような存在として扱える生産環境を求めて投資先を選定していこうとする企業行動の典型が見られる．その意味では，こうした企業の投資行動を自地域に引き入れようとする地方自治体の企業誘致政策は，その出発点においてすでに，「市場の失敗」を前提とした政策であるとともに，しかも企業がその失敗を積極的には自覚することなしに，せいぜい「有利な投資環境である」と思わせる土壌を作り出す結果となる．

　生産を開始しようとする時点において「市場の失敗」を自覚することの少ない企業が，生産過程およびその結果として生まれてくる環境負荷の増大，環境汚染の深刻化などに対して自らの責任を自覚することはもっと難しいことのように思える．実際この自覚が極めて乏しいか，経済効率を優先して，あえてその実態に眼をつぶってきたことの結果がわが国の「公害列島化」につながったと言えるであろう．しかしながら，多くの貴い犠牲という代償を払っての回り道を余儀なくされたとはいえ，「公害」という外部不経済については，これを企業の責任とし，その対策を義務づけるという形で，環境汚染を軽減するための社会的費用の一部をともかくも企業が負担していくシステムの基本はわが国の社会的合意になってきた．その成果が，たとえば亜硫酸ガス対策としての硫黄分除去装置の普及として現れてきた．したがって，環境汚染など，環境負荷という外部不経済・「市場の失敗」に対して政府・自治体が「公共規制」を及ぼすという意味では，政府の健全性はとりあえずは保持されてきたと言えよう[23]．もちろん，そのレベルは求められている水準からはほど遠く，環境負荷の軽減のための施策は現在のところやりすぎて困るほどの水準になっているとはとうてい言えない．第1節で見てきた「地球環境問題」，とりわけ二酸化炭素，フロンなどの排出による「地球温暖化問題」や亜硫酸ガスや窒素酸化物による「酸性雨問題」など，各国が一致協力して取り組まなければならない課題が山積しているのが実状である．世界

のエネルギー消費の圧倒的部分を消費し,「温暖化」と「酸性雨」に大きく「貢献」している先進国は,その対策においても先進国でなければならないが,「地球サミット」においても露呈されたように,アメリカ合衆国やわが国の対応はヨーロッパ諸国の対応に比較して,明らかに消極的である[24]. そこでは,地球環境を保全するために環境負荷の軽減がどうしても必要だとしても,その方法は「市場原理」の範囲において有効なものであるべきだという考え方がベースとなっているように思われる. したがって,環境負荷の軽減策は与えられた経済的・技術的条件の中で選択され得る限りの策が採用されることが,即ベストの方策であるとされているように思われる. しかも,そうした方策を採用するかどうかは,あくまでも当該企業の政策選択の問題であって,そこに社会的強制なり社会的規制を必然化するような枠組みは前提とされていない.

しかしながら,ヨーロッパ諸国で推進されつつある環境負荷の軽減策は,炭素税など,それ自体として政府の規制を前提として,環境負荷商品の消費を抑制することによって目的を達成しようとするものに重点が置かれている[25]. もちろん,炭素税も商品の販売という市場原理を媒介として目的が達成されるわけであるが,政府による公共規制をかたくななまでに拒否しようとする姿勢からは解放されている. したがって,この方策の延長には,環境負荷の軽減費用を本来誰がどのように負担すべきかという問題についても,しかるべき解答が用意できるような方策が立案されることが期待されていると言えよう.

以上のような対策が遅々とした歩みではあるが世界的に開始されつつあるのは歓迎されるところである. しかし,現実の地球環境は年々着実に悪化しており,現在の取り組みのスピードで改善が達成できるのか,疑問視される向きもある. 資本主義の発展と福祉社会の成果によって,少なくとも先進諸国においては「貧困問題」は解決したとの言も聞かれる. ところが,この言も,アジア・アフリカ諸国における何十万という大量餓死者の事実の前では,空しく響くしかない[26]. 一方で,環境汚染という大量廃棄物の洗礼を受け,

その対策に呻吟する先進諸国，他方で大量の餓死者を抱え，日々の生命の維持もままならない多くの途上国，両者の並存という事実を現代の社会経済システムは「市場原理」によって統一していると言えるのであろうか．

4. 民営化とエネルギー規制緩和
―共同国家の空洞化と「万人の万人に対する戦い」

　前節まで見てきた環境問題あるいは公害問題に対する国民的対応は基本的には国または自治体による監視や規制の強化であり，公共規制の強化であった．したがって，これらの問題については，「市場の失敗」の典型例として扱い，政府による政策的対応が必然化されるものという捉え方であったと思われる．

　ところが，80年代になって，この基本的スタンスが大きく変わってくる．すなわち，「第2次臨時行政調査会」の答申に基づく「民営化」「民間活力の導入」「規制緩和」路線の定着化である[27]．この路線の思想的背景としては，「新自由主義」が確固として控えており，「小さな政府」が理想とされる限り，経済活動分野における政府活動は極力制限されることが望ましいとされる．経済活動の「原則自由」の主張である[28]．「原則自由」は他方において「例外規制」を必ず含むが，原則に忠実であろうとするならば，「例外」については最小限でなければならないのは当然である．エネルギー分野は，まさに，こうした「例外」の1つとして長く「規制」されてきた分野であるが，ここにも，「原則自由」のなたがふりおろされつつある．この節では，エネルギー分野の規制緩和の特質と問題点を考察することにしよう．エネルギー分野といっても，電気・ガス・熱供給事業のように，「公益事業」としての位置づけが与えられている分野と石油や石炭のように一般の製造業や鉱山業の位置づけに近い物とが並存しており，取り扱いは同じということにはならない．以下では，主に「公益事業」分野を念頭に置いて問題を考察することとしたい．

まず，エネルギー分野のうち，「電気事業」などが何故「公益事業」とされるのか，また「公益事業」とは何かという点を簡単にまとめておこう．

「電気」というエネルギー形態の利用は資本主義の歴史の中では比較的新しい時代のことに属す．最も一般的な電灯としての最初の使用は19世紀末であるが，一般庶民にも遍(あまね)く使用される段階を見れば，せいぜい1910-20年代ぐらいまで遡れる程度であろう．それ以前は電灯は石油ランプやガス灯と並んで用いられる照明手段の1つであったにすぎない[29]．その意味では電気の使用の有無が社会生活の内容を決定的に左右していたとは言い難い．しかしながら，現代日本の経済・社会生活において，この「電気」が，もしなかったならどうなるか，ほんのわずかの停電でも「パニック」に似た状況が起きることは容易に予想ができる．たとえば，94年12月10日のJR新宿変電所の火事による停電である．この場合，一般民家や事業所が停電したわけではなく，直接にはJRの山手線，中央線などが停電によって運休するという形での影響であった．したがって，電気を交通手段たる鉄道に利用していることに関わっての影響であったのだが，そのことによって東京の交通網がどれほど影響を被ったのかは，山手線が事故から4日たって，ようやく通常運転に戻れたということ，そして直接影響を受けた乗客が延べ数万人にも及んだことからもうかがい知ることができる[30]．このことは，「電気」が，一般家庭における基礎的財であるという意味にとどまらず，生産過程と流通過程を含めて，国民生活にとって最も基本的な「必需財」となっていることを示していると言えよう．電気事業が，国民の日常生活にとって必要不可欠な財を供給する事業であるという意味の「公益事業」の代表として扱われるのは，けだし当然である．一般電気事業者に課せられている「正当な理由がなければ，その供給区域における一般の需要に応ずる電気の供給を拒んではならない」という「供給義務」は直接には「電気」という「商品」の必需性からきていると理解されるし，料金決定にあたっては許可が必要とされる「料金規制」も同様の理由からである．

しかしながら，電気事業を扱っている文献の多くは，電気事業の「自然独

占」的性格から問題を説き起こしている.すなわち,電気事業は,巨大なネットワークシステムを通じて供給することによって規模の経済の利益を享受でき,またこのシステム投資の埋没性が高いことから,一定の地域における競争を排除し,特定企業による独占的供給を促すのが合理的であり,また,法的には,この分野を独占禁止法の適用除外とすることによって,上記目的が達成できるものとしているわけである[31].この論理にしたがうと,すでに述べた供給義務規定や料金規定などは,電気事業の地域独占性を認めることによって生じる電気事業者の優位性を消費者に対して不当なレベルまで高めないための防波堤の役割を果たすもの考えられており,いわば「負の見返り」としての規制であって,必需品を安価かつ安定的に供給するという社会的要請からくる規制とは異なる論理から導かれている.もちろん,こうした「必需性」ゆえに地域独占としての地位が保証されているという考え方をすれば,「負の見返り」規制も社会的要請からくる規制の延長として位置づけられることになり,その限りでは,両者をことさら区別する必要もないように思われる.また,電気事業規制の中で,当該供給地域に対する重複投資を避けるという名目で行なわれている「参入規制」は,当該地域における競争排除のための,したがって既存の電気事業会社の保護を目的とした「規制」である.この「規制」は,それゆえ「負の見返り」としての「供給義務規制」や「料金規制」とはまた異なる論理から導かれているのであり,その意味では「規制」と呼ぶべきではなく,少なくとも「電気事業規制」と呼ぶべきではなく,むしろ「電気事業保護政策」と呼ぶべきであろう.規制されているのは潜在的に電気事業に参入できるかもしれない「可能的電気事業者」である.ただし,この場合に保護されているのは電気事業を直接担っている企業なのではなく,この企業を通じて電気の供給を受けている不特定多数の消費者であるという点の理解が必要である.言い換えると,電気事業者は電気供給を消費者から委託されてその任に従事しているにすぎず,したがって,あくまでも共同業務の受託者であるという関係の理解が肝要であろう.

つまり,通常の参入規制は当該産業部門で活動する企業の保護が基本的な

目的であり，その産業部門が中小企業分野によって担われている場合には，中小企業保護政策の一環をなすことになる．これとは異なり，「自然独占」的性格に基礎を置いているかどうかは別として，電気事業など「公益事業」分野における参入規制は，そこでの供給企業ではなく，被供給者を保護することに主眼があると解すべきなのである．私的独占分野については，一般にこのような参入規制はなされない．そうすることは独占禁止法などの競争促進政策の根幹に触れることになるからである．

　電気事業における「規制」は以上のような特質を持っているのであるが，その特質は，電気という財の必需的性格に起因しているとともに，財の供給設備として発電・送電・配電の一貫した導線システムを必要とするという，供給システム上の性格にも起因していることが重要であろう[32]．すなわち，電気は，生活用水と同様に日常生活に不可欠な財として供給されなければならないとともに，しかも，その供給が不特定多数の消費者によって共同で使用される導線（導管）を通じて行なわれなければならない，という性質を有している．日常生活に不可欠な財という意味では，電気は「コメ」と同類であり，したがって，必需財であるということからくる社会的規制に限って言えば，両者の間には基本的な差異は存在しない．戦時経済の下で両者がともに強い統制の対象となったのもそのような意味においてであった．ここでは，直接に取り上げていない石油などに対する規制も基本的には必需財ゆえの規制であって，「公益事業」一般に対する規制より，むしろ「コメ」に対する規制に近いと考えられる．エネルギー供給であるということだけで，石油も電気も一緒にしてエネルギー規制を論じるのは問題を含んでいることは確認できよう．

　導線（導管）システムを通じて財を供給しなければならず，かつそのシステムを不特定多数の者によって「共同」で使用しなければならないタイプの財は，他にも電話，鉄道，熱供給，道路などがあるが，このような供給設備はその使用形態（共同使用）の性格上，最終的には国家（自治体）によって管理・運営される姿が一般的となる．その場合，国家は「共同業務」の担い

手,すなわち「共同国家」としての機能を果たすことになる.1980年代に「民営化」されるまで電話事業や鉄道事業が長く「国有企業」として運営されてきたのは,本質的にはこの理由による.電気事業も財と供給システムの性格上同様の扱いを受けるのが順当なところであろう.実際,国営(自治体営)ないし公私混合経営で電気事業を行っている国が多い中,わが国はアメリカ合衆国と並んで主に民間企業によって電気事業を行なっている珍しいケースである.それにもかかわらず,上で述べたような電気事業の性格から,完全自由な民間企業というわけにはいかず,様々な「公共規制」を受けてきたわけである[33].

　規制緩和万能主義が主流となっている現在,電気事業のような公益事業分野も例外ではないとして,「公益事業」における規制緩和も今や花盛りの観を呈している.電気事業について言えば,第1に,日本の電気料金が海外に比べて割高であるという料金水準から問題にアプローチし,これを引き下げるためには電気事業の独占的体制を解体し,ここに競争システムを導入することが必要である,という形で議論が設定されている.しかし,市場の独占的構造自体は電気事業に特有な枠組みではなく,競争制限的な市場構造によって料金水準を維持しているような分野においては等しくあてはまる枠組みであって,電気事業をことさら取り上げるのは,公正な取り扱いとは言えない.第2に,規模の経済性がはたらく費用逓減産業としての電気事業,すなわち「自然独占」としての電気事業という性格を規定してきた条件が「変化」し,電気事業がもはや「自然独占」性を持たないがゆえに,競争体制に移行すべきであるという議論がなされている.とりわけ,発電部門への競争導入が急がれている.この第2の議論も,つまるところ,電気料金の引き下げに貢献するという目的に資する議論であることは言うまでもない.したがって,現在の電気事業における規制緩和論は,おしなべて料金水準を引き下げるかどうか,という点をめぐって展開されていると言ってよく,電気事業の本質,電気商品の必需性と供給システムの共同性に即した検討が十分に行われていないように思われる.「自然独占」という理論を仮に前提したとし

て、今日の電気事業がまだ「自然独占」としての性質を保持しているのかどうか、学界の動向をながめる限り決定的な結論は出ていないように思われるのだが、すでに、現実の政策は「自然独占」性が失われてきたことを前提に提起されつつある[34]。

　いずれにしても、戦後数十年にわたって行なわれてきた電気事業の基本的枠組みを変更しようというのであるから、その際の検討はラジカルかつ原則的でなければならないと考えるが、現行の議論の多くは上述のごとくである。一番足りないと思われるのは、そもそも現行のわが国の電気料金の水準が高いとか低いとか言う前に、電気料金の構成要素をわれわれがどこまで把握しているのかという点での疑問に誰も答えていないことである。電力会社の原価構成を客観的に把握してこそ料金水準なりコスト比較ができるのであって、それぬきで国際比較すると言っても、しょせんは紙の上の計算に過ぎないのではなかろうか。総括原価方式に代わる標準原価方式を導入した新しい料金制度が検討されたりしたが、そこでも、結局はその「原価」をどのように設定するかというところに問題が収斂するという見解が有力である[35]。また、電気事業を総体としてどのような産業分野として構築していこうとしているのか、その構想自体が不鮮明なことも大きな問題である。現行の「公益事業体制」が必ずしもベストとは考えないが、伝統的なアメリカ公益事業のあり方が理想とされ、追求される限りでの政策的一貫性はそれとして理解できる。その意味では、現行の「公益事業体制」は多くの不備を抱えながらも「一日の長」としてのメリットを有していることは否定できない。しかしながら、料金政策を軸に現在追求されている規制緩和策は、電気事業分野への無原則的な競争導入政策以上のものを期待できないように思われる。とりわけ、社会的規制の枠組みを含め、電気事業における「規制緩和」が無条件で導入されるべきであり、「規制緩和」という結論はもはや決定済みで、後は方法論についての議論が残されているだけである、という形の議論の進め方には、まだ釈然としないところが残っている。しかも、「規制緩和」が料金水準の低下を必然的にもたらすという立論が、あたかも「公理」であるかのごとく

設定されている点も抵抗なしとしない．競争市場において決定される価格水準は，その市場において本来落ち着くべき均衡点であって，その水準が高い，低いという判断のくだしようのない性質のものである．したがって，規制市場における価格が高めに設定されているということを証明しない限り，「規制緩和」による価格水準の低下は論証されないことになる．もちろん，私見では，現行の電気料金が公正・妥当な水準であるとは考えられないし，電気料金をもっと引き下げるべきだとは思っている．ただ，その引き下げは，電気事業が競争市場に投げ込まれなければ達成できない性質のものではない，と考えているだけである．「規制」のあり方によっては，料金を本来の水準より，低くすることも可能だからである．この点は，社会的規制のあり方の1つとして，所得の再分配機能が達成されることをあげれば合点がいくであろう．電気料金やガス料金において，一定量以下の消費者に対して基本料金のみの支払にとどめているのは，単なる飾りではなく，電気やガスが低所得者にとっても，必要不可欠の財であり，その供給を止めることができない性質の財であることを料金体系上表現しているものである[36]．

　現在推し進められつつある電気事業の「規制緩和」政策は，必ずしもまだその到達目標が明確に示されているとは言えないが，これまでに議論されてきた内容から考えて，「特定供給」の範囲を拡大解釈すること，発電部門において参入を認めること，電力託送に道を開くことなどに基本的には収斂しているように思われる[37]．したがって，配電部門に直接リンクしている一般消費者はこの「規制緩和」の間接的影響を受けるにとりあえずはとどまることになる．発電事業部門における参入と競争によって，卸売市場が競争市場となり，卸売りされる電力料金が低下するとして，それが配電料金にどこまで反映することになるのか，今のところは未知数と言わざるを得ないからである．つまり，電力の卸売市場で直接問題になるのは自家発と大口電力など産業用電力のコスト比較が第1であって，かりに産業用電力料金が低下するとして，そのことが，一般家庭向けの電灯料金に直接反映する電気料金の決定システムにはなっていないのである．

電気事業における規制緩和において、最も留意されなければならないのは、参入規制を中心とした、いわゆる「経済的規制」の緩和とともに、「公益事業」として本来果たすべき「社会的規制」の機能をも緩和し、放棄してしまうことのないようにすることである。社会的規制によってともかくは守られてきた消費者が、主として産業用電力市場において展開される低料金を唯一のシグナルとする電力競争の中で翻弄されることのないように、必需品供給としての電灯市場と競争的なエネルギー市場としての産業用電力市場という二面的性格を正確におさえることが重要である。必需品供給という側面において本来機能を果たすべき国家が自らの領分を忘れるならば、それは、国家自身の存在意義の1つを自ら掘り崩していることになるのであり、無原則的な「民営化」同様、「共同国家」の空洞化に道を開いていると断ぜざるを得ない。その行き着く先が、「万人の万人に対する戦い」が支配する社会でないと言い切るには、われわれはあまりにも経済競争と生産の無政府性による惨禍を受けすぎてきたとは言えまいか。

5. 社会的規制とセルフ・コントロール
　　—— 神の見えざる手から人間の手へ

前節で見たように、80年代以降、自由主義的風潮が支配的となってくるなかで、経済活動の「原則自由」主義は広汎な分野における「規制緩和」という形で実質化されつつある。その際、経済活動それ自体に関わる「経済的規制」と環境保護や消費者の安全・健康確保といった、いわゆる「社会的規制」を区別し、「規制緩和」は経済的規制にもっぱら関わるものであって、「社会的規制」については直接的な対象とはならない、という議論が多い。しかしながら、現実には、両者を区別すること自体が困難であり、法的には1本の体系によって両方の規制を達成している場合も多い[38]。前節で見てきた電気事業においても、「経済的規制」としての参入規制とともに、「社会的規制」としての保安規制の緩和（たとえば、発電所の工事計画認可・届け出

範囲の縮小や検査対象の縮小と方法の簡素化）が同時に検討されていることからも，その点はうかがい知ることができる[39]．

このような，「経済的規制」の緩和の陰で進められている「社会的規制」の緩和については，風潮に流されない原則的な対応が求められていると言えるが，今ひとつ見落とされてならないのは，「社会的規制」の「民営化」が進んでいることと，「社会的規制」の内実を経済主体自らが遂行すること，すなわち「自主規制」が推奨されていることである．まず前者については，次のような問題がある．たとえば，「製造物責任法」の制定と並行して検討が進められている「裁判外紛争処理機関」の性格に関わる問題である．この機関は，従来，製造物責任をめぐる消費者と企業の紛争処理がほとんど裁判を通じて行われてきており，ために，費用と時間が膨大となって当事者の大きな負担となってきたことに対する反省に立って提起されたとされている．確かに，製造物の欠陥や企業の安全対策の不備によって消費者が被害を被った場合，その因果関係を立証するのは並大抵のことではなく，膨大な訴訟費用とともに，長期にわたる裁判闘争を余儀なくされてきたことは，わが国の公害裁判の歴史が雄弁に物語っており，こうした側面の弊害が除去されるべきであることは言うまでもない．しかしながら，その解決方向が，果たして，「裁判外紛争処理機関」の設立ということになるのであろうか．この機関は，関係するメーカーの拠出金に基づいて中立機関として設置され，そこに参加する消費者代表，学識経験者，弁護士等が問題解決にあたるとされている．中立性を確保するために，メーカーからは代表者を出さないともされている．こうした機関として，すでに住宅メーカーは消費者からの苦情処理を受け付けるための「住宅部品PLセンター」を設立しているし，自動車業界でも，業界が1億円程度の資金を負担し，財団法人の形で同種の機関を設立する予定とされている．もともと，商品の欠陥などによる消費者被害については，裁判所における「訴訟」を別とすると，各省庁の「消費相談室」や地方自治体の「消費生活センター」，あるいは弁護士協会の「仲裁センター」が窓口となって処理されてきた経緯があった[40]．確かに，裁判所以外の上記の機関

が紛争処理機関として十分な役割を果たしてきたかどうかは疑問なしとしないが，その原因は，そもそもこれらの機関を紛争処理機関として裁判所に準ずるような機関として位置づけてこなかったことによるのであって，これらの機関自体の問題に原因があるわけではあるまい．したがって，製造物をめぐる紛争解決にあたって，まず考えられるのは，こうした機関の充実化という方策であろう．この道が追求されずに，改めて財団なりの形で機関を作り出すことは，「社会的規制」の機能それ自体をも「民営化」するという発想につながっており，「公共規制」の主体としての「政府・自治体」の権限放棄以外の何物でもあるまい．

後者については，これを「自己責任」と呼ぶことが一般的であるが，「自己責任」それ自体は市民社会の一員として当然具備すべきものであって，ことさら問題とすべきものではない．むしろ，それが守られないからこそ，「社会的規制」が要請されてくるのである．たとえば，規制緩和策の1つとして「自己認証制度」が取りざたされる昨今であるが，この制度も，他方における「社会的規制」としての「製造物責任制度」の確立と実効化が相俟って，はじめて認知され得るような制度と考えられる[41]．民主主義的な市民社会における「自己責任」は社会生活上の基本的前提であるが，しかし，だからといって，「社会的規制」を排除しているわけではなく，むしろ，両者の相互作用の成果として内実化されるものという了解が存するというべきであろう．環境問題と関わって，近年急速に注目を浴びている「環境監査」は，こうした問題を考える上で多くの素材を提供してくれる．

第1に，企業が自ら環境負荷の軽減を目指して活動せざるを得なくなったこと，そしてそのための客観的な基準を策定して，企業としての環境負荷軽減の努力について客観的な判定・評価を受けざるを得ないという，社会的状況になりつつあることが確認される必要がある．第2に，この基準策定にあたって，これを，工業規格の一部として扱い，「環境監査とはいえ，これはマネジメント・システムの分野」であるとする通産省と，環境監査は環境行政の一環であり，「わが国全体の環境保全からみた最も望ましい姿の制度づ

くりを目指すべき」とする環境庁が対立している[42]．現在進行している政策作りは，通産省主導によるものであるが，そのことによってすでに基準の性格がある程度方向づけられていると考えるのは，必ずしも間違ってはいないであろう．第3に，しかも，通産省主導である，現行の基準策定に対しても，経団連は疑問視している向きがあり，政府の枠組みから離れた独自の基準作りや独自機関の設立に向かっていることである．すでに，電気機械や電子機器の業界によって，わが国最初の環境監査会社(㈱日本環境認証機構」が設立されている[43]．同社は，さしあたってはヨーロッパにおいて施行される環境監査基準を念頭において設立されたと言えるのだが，政府による環境監査政策と実行機関設立の遅れを後目に，わが国の環境監査システムを先取りしかねない状況である．そこには，環境という最も「公共財」的な部門の監査を民間に委ねる危険が隠されていると思われる．

　以上のような状況から確認される必要があるのは，第1に，環境負荷を軽減していくための社会的に認知された基準がシビルミニマムとして確立されなければならないということである．そして，この基準の達成を社会的に監視していくシステムを構築すること，すなわち「社会的規制」システムの確立である．第2に，このシステムのもとで，「社会的規制」の水準に被規制経済主体が遍く到達することである．そのために必要な規制主体としては基本的には国や自治体などの公共団体が，まずは担うことになろう．このような状態が普遍化するにしたがって，社会的規制水準そのものが引き上げられ，さらにまた，この水準を被規制経済主体自身が自主的に越えていくことが求められる．それは，いわば，自己責任をセルフ・コントロールにまで高めることであると言ってよい．その意味では，「社会的規制」は到達目標なのではなく，1つのシビルミニマムであり，それを越えた水準に向かって進むための里程標にすぎないのである．民間において自主的に設立される「監査機関」はその到達度を評価するための機関としての性格を持つことが期待されよう．筆者の求める社会経済システムの方向軸は「セルフ・コントロール」による「社会的規制」の止揚によって示されるのであり，筆者は，この過程

を「社会的規制」の「セルフ・コントロール過程」として提起するものであり，「神の見えざる手」による「予定調和」ではなく，「人間の手」による「意識的調和」が可能となるような社会経済システムの構築を目指すものである．

注
1) 加藤光一「過剰と不足の世界コメ市場」大沼盛男・小田清・小坂直人・加藤光一編『揺れ動く現代世界の経済政策』日本経済評論社，1995年，第5章参照．
2) 昭和48年度（1973年度）のエネルギー需要は石油換算4.07億kl，その77.6％（空前絶後となった）は石油で賄われ，しかも，その約80％は中東からの輸入に依存していたからである（日本エネルギー経済研究所編『戦後エネルギー産業史』東洋経済，1986年，106ページ）．
3) 高畠昭嘉「メジャー・産油国・消費国—石油価格構造にみる三者の力関係の変化—」，経済理論学会編『現代資本主義と資源・経済理論学会年報第12集』青木書店，1975年，8-10ページ参照．林直道『現代の日本経済』青木書店，1984年，173-177ページ参照．
4) デニス・L. メドウズ他著，大来佐武郎監訳『成長の限界・ローマクラブ「人類の危機」レポート』』ダイヤモンド社，1972年，44-45ページ参照．
5) 高畠，同上論文，4-5ページ．
6) 『成長の限界』，44-45ページ．
7) 同上書，71ページ．
8) 小坂直人「産業構成の変化」，木本忠昭編著『生物としての人間・地球環境セミナー⑥』オーム社，1993年所収，93-97ページ参照．
9) 二酸化炭素濃度は1990年レベルで354ppmという水準であり，この濃度増大の主因は石炭・石油などの化石燃料の消費にある，と考えられている．このことは，化石燃料消費と大気中の二酸化炭素濃度の極めて高い相関関係から明らかであろう（小川喜弘「工業化・都市化と二酸化炭素発生」，宇沢弘文・國則守生編『地球温暖化の経済分析』東京大学出版会，1993年所収，73ページ参照）．1994年12月10日に明らかにされた，地球温暖化問題を研究している各国の科学者らでつくる「気候変動に関する政府間パネル」（IPCC）の特別報告書によると，2000年までに二酸化炭素排出量を仮に1990年レベルに抑えたとしても，21世紀末には500ppmレベルに達するとしている（「朝日新聞」1994年11月11日参照）．
10) 『成長の限界』，59ページ．
11) 同上書，60ページ．
12) 加害者としての企業が単一であるか複数であるかによって，立証過程の障害の

大きさも異なるであろう．もちろん単一であれば容易ということにもならないのは，水俣病，イタイイタイ病のケースをみてもよく分かる．その困難さは科学的・技術的なそれよりも当該企業によるデータ提供（非提供）によることが多いように思われる．こうした困難性の一端が次の論稿によく表されている（宇井純「水俣病」，『ジュリスト・公害／実態・対策・法的課題特集』臨時増刊，1970年8月10日号，38-42ページ，小林純「イタイイタイ病」，『ジュリスト』同上誌，43-49ページ所収）．

13) 1967年の「公害対策基本法」の成立と1970年の同法の「経済調和条項の廃止」，そして1971年の「環境庁」の設立前後までは，わが国の環境行政は一定の前進を示していた．この前進の背景には，全国的に展開された「公害反対運動」の高揚と，自治体レベルで先行していた「公害条例」制定の動きであった．行政の最高責任主体たる国が積極的に課題に取り組んだとは，とうてい言えない．この関係はその後の「環境影響評価（環境アセスメント）制度」の制定や「公害対策基本法」の発展法規である「環境基本法」の制定をめぐっての経過の中でも，まったく同様に引きずられてきている（日本科学者会議編『環境アセスメントの復権―21世紀の環境づくりのために―』北大図書刊行会，1985年参照）．

14) 「朝日新聞」1994年12月15日参照．

15) 宮本憲一氏は，こうした展開を「環境破壊型の政府活動」「福祉国家の欠陥」の結果として把握している（宮本憲一『環境経済学』岩波書店，1989年，86-91ページ参照）．

16) 最大の「ゴミ」である「産業廃棄物」をとりあえず除外しても，「事業系一般廃棄物」だけで都市から排出される「ゴミ」の圧倒的部分を占めている．「家庭系一般廃棄物」の減量化もさることながら，「事業系一般廃棄物」の対策が急がれる所以である（植田和弘『廃棄物とリサイクルの経済学』有斐閣選書，1992年，52-56ページ参照）．

17) 「一般廃棄物」の場合，その多くが焼却過程を経ることによって，それなりに減量化が可能であり，自治体の取り組みによって，処分場不足を乗り切ってきた経緯があった．しかし，「産業廃棄物」の場合は，首都圏など大都市部では処分場の確保もままならず，また処理業者も零細事業者が多く，排出業者との交渉で処分料金を十分確保できない中，不法投棄や遠隔地での処分場を求めて大都市から「産業廃棄物」を運び出すという行為に及んだ結果が「ゴミ越境問題」として現象したと言えるであろう．こうした問題の遠因の1つは，1970年制定の「廃棄物の処理及び清掃に関する法律」にある（植田，同上書，3-11ページ参照）．

18) 石弘之『地球環境報告』，229ページ以下参照．

19) 同上書．

20) 「外部不経済」の問題を理論的にどう説明するかという点での違いはあるが，これを市場原理や利潤原理にだけ委せておいては問題の解決が得られないとする見解が「経済学」の共通理解であったと思われる．

21) この点では，宮本氏が早くから注目すべき主張をしてきた（宮本，前掲書，114-117ページ及び242-253ページ参照）．
22) 同上書．
23) ただし，この「健全性」も70年代の初めがピークであって，その後は必ずしも大きく前進しているとは言えない．地域住民の意識的・持続的な取り組みを背景にしてこそ，この「健全性」が守られるというべきなのかも知れない．
24) 「地球サミット」での主たる対立点であった二酸化炭素などの温室効果ガスの基準値をめぐって，アメリカ，日本とドイツ，オランダなどが対照的な姿勢を示している．94年夏に各国が報告した二酸化炭素の排出削減対策の進展状況によると，オランダ，デンマークが2000年の二酸化炭素排出総量を90年に比べて減らせる，としているのに対し，アメリカや日本は3%増加するとしている（「朝日新聞」1994年11月11日参照）．
25) 「炭素税」については，奥野正寛・小西秀樹「温暖化対策の理論的分析」，宇沢弘文・國則守生編，前掲書，135ページ所収参照．
26) 石，前掲書，163-190ページ参照．
27) 「民営化」と「規制緩和」が先進諸国において期せずして共通に提起されてきたのは，もちろん偶然ではない．各国の特有な要因をその内にはらみつつも，「市場原理」と「競争原理」をほとんど唯一の基準とした経済体制を作り上げようとしている点では，同根であろう．しかしながら，各国の特有な要因と言っても，経済活動に対する政府の介入を本質的に認めようとするかどうかで，この共通性もいずれ体をなさなくなるかも知れない．
28) 資本主義的自由主義の母国イギリスにおいても，今日強調されているようなあからさまな「自由主義」が主張されたことがあったとは言えそうもない．
29) 小坂直人「『電気革命』とドイツ電力産業の形成過程」，北海学園大学『経済論集』1989年8月参照．なお，電気の技術史の面で，今少し体系的に学ぶには，山崎俊雄・木本忠昭共著『新版電気の技術史』オーム社，1984年が詳しい．
30) 1994年12月10日夜にJR変電所の火災を原因とする停電によって，山手線や中央線，埼京線などが相次いで運行不能となり，JRの各駅構内は停電のため真っ暗となり，ホームは騒然となった．結局，ほとんどの電車は終電車までストップし，駅や列車で一夜を明かす人が続出した．この停電事故は，直接には，停電による交通手段への影響にもっぱら関わるものではあるが，電気と市民生活の密接不可分性を知る機会として，もっとも最近の例のひとつとなっている（「毎日新聞」1994年12月11日参照）．
31) 関島久雄編『現代日本の公益企業』日本経済評論社，1989年，第2章電気事業（担当・山谷修作）参照．
32) 上田慧「公益事業と公企業」，大阪経大『経営経済』第27号参照．
33) 電気事業を含め，公益事業において現在議論が進んでいる「規制緩和」論議については，山谷修作編著『現代の規制政策―公益事業の規制緩和と料金改革―』

税務経理協会，1991年参照．
34) 藤原淳一郎「電気事業における独占と競争」，『公益事業研究』第38巻第1号，1986年9月，及び阿波田禾積「電気事業の規制緩和に関する一考察」，『公益事業研究』第39巻第2号，1987年12月参照．
35) 矢島正之「プライスキャップ規制は有効か」，『エネルギーフォーラム』第480号，1994年12月，所収．
36) 山谷修作「公共料金の基礎」，及び矢島正之「電気料金」，山谷修作編著『現代日本の公共料金』電力新報社，1992年所収，参照．
37) 西野義彦「電気事業―競争時代の電力供給―」，山谷修作編著『現代の規制政策』所収，参照．
38) この点についての指摘は，旭リサーチセンター規制懇「規制緩和と行革，第26回，「日本経済新聞」1994年8月10日所収においてもなされている．もっとも，この記事は社会的規制についてもいたずらにこれを聖域にしないという主旨からの叙述ではあるが．
39) 「朝日新聞」1994年12月16日参照．
40) 「日本経済新聞」1994年10月19日参照．
41) 自己認証制度は，もともと「非関税障壁」の1つとして欧米から批判されてきたわが国の「基準・認証制度」を，欧米の批判圧力に屈して，その一部を修正し，1985年の「市場アクセス改善のためのアクションプログラム」に取り入れられたのが最初である．その意味では，貿易摩擦と市場解放の絡みで提起されてきたという性格が強い．したがって，商品規格として本来わが国が自主的に決定すべきものとしての「基準・認証」が交渉の材料となってしまっている向きがある．国民生活の健康と安全にとって必要かどうかという原点に立った検討が求められていると言えよう．
42) 『エネルギーと環境』第1324号，1994年11月3日参照．
43) 『エネルギーと環境』第1327号，1994年11月24日参照．

第2章
電力自由化時代のエネルギー産業

1. 史上未曾有の「臨界事故」

　1999年9月30日，茨城県東海村にある核燃料加工会社JCOで発生した「臨界事故」は，加工作業に直接従事した作業員2名が大量被曝のため死亡するという大惨事となり，また，半径350m以内の住民避難，同じく半径10km以内の住民の屋内退避という対応が取られ，わが国の原子力開発史上未曾有の事故となった[1]。

　この事故を巡る背景や原因等については別途検討する機会をもちたいが，ここでは次の点だけを指摘しておきたい．1つは，原子力発電を問題とする際に，発電所本体に関わる問題と使用済み核燃料を含む発電所から排出される放射性廃棄物の処理問題については，従来から広く議論されてきた経緯があったが，発電所原子炉の燃料棒に装荷されるウラン燃料の加工過程が国内で展開され，とりわけその加工過程を組み込んだ工場自体が発電所とは逆に都市部近郊に立地してきた事実を国民に初めて認識させたことである．一部の原子力関係者には周知のことであっても，多くの市民は全く知らないか，存在自体は知っていても，その危険な内容をあらかじめ知らされていたことはないのでなかろうか．

　2つには，この事故をきっかけとして，原子力を国の基幹エネルギーとして何が何でも推進するという立場は完全にトーンダウンせざるを得なくな

てきたことである．2000年2月に北川三重県知事が芦浜原発計画を白紙撤回するよう要請し，「中部電力」もこれを受け白紙撤回することになったのは，その象徴的できごとであった．もっとも原子力発電に対する安全性・信頼性を著しく損なう事件がこの数年間に相次いでいることが重要である．

1995年12月	「もんじゅ」のナトリウム漏れ事故
1997年3月	「動燃」東海事業所の「アスファルト固化施設」で火災爆発事故
1997年7月	「日本原電」敦賀2号機再生熱交換器から1次冷却水漏れ事故
1999年9月	英核燃料会社，MOX燃料データ改竄
1999年9月	JCO事故
2002年8月	「東京電力」による原子炉格納容器損傷隠し
2003年1月	名古屋高裁金沢支部「もんじゅ」設計許可無効判決

そのほか，1996年12月に，「東北電力」巻原発が住民投票によって否定されたことも見逃せない．

このように，JCO臨界事故の与えた影響は計り知れないものがあり，戦後のわが国エネルギー政策を抜本的に変更させる契機となる可能性がある．さらに，日本経済の「構造改革」を規制緩和と自由化の立場から推進するという近年の経済政策主潮との関連で，原子力を含めたわが国のエネルギー問題を考える上で，重大な転機となる要素が急速に醸成されつつある．すなわち，エネルギーの自由化，とりわけ，従来「公益事業規制」の下にあった「電力」および「ガス」の自由化である．これらの「公益事業」とはスタンスを異にするが，石油産業についても規制改革が進められてきた．

本章では，エネルギー産業における規制改革の特徴を明らかにするとともに，今後のエネルギー産業のあり方についても，若干の展望を試みることにしたい．

2. 電力自由化とは何か

電力自由化の意味を理解するためには，電気事業の形成過程を歴史的にもおさえた上で，この分野の産業特性を正確に知る必要がある．しかしながら，この点については，別稿に譲り，ここでは，むしろ，2000年3月に実施された「部分自由化」の中身を吟味するすることを出発点にしながら，逆に電気事業の形成過程をも振り返りながら，その特徴を考えるという方法をとることにしよう[2]．

まず，自由化の前と後で何がどう変わって，変わらなかったのかを整理してみると，次の表2-1のようになる．そして各項目は表2-2のような分類に

表 2-1 電気事業の変化

自由化以前の電気事業	自由化以後の電気事業
一般電気事業(10電力会社) 卸電気事業 自家発電 特定供給	一般電気事業 卸電気事業 卸供給 特定電気事業 特定規模電気事業 特定供給 自家発電

表 2-2 電気事業の分類

一般電気事業	一般の需要に応じて電気を供給する事業
卸電気事業	一般電気事業者にその一般電気事業の用に供するための電気を供給する事業のうち，その事業の用に供する電気工作物が通商産業省令で定める要件に該当するもの
自家発電	自ら発電し，その電気を自ら消費する場合
特定供給	電気事業を営む場合以外の電気の供給
卸供給	一般電気事業者に対するその一般電気事業の用に供するための電気の供給のうち，通商産業省令で定めるもので振替供給以外のもの
特定電気事業	特定の供給地点における需要に応じて電気を供給する事業
特定規模電気事業	電気の使用者の一定規模の需要であって通商産業省令で定めるもの（特定規模需要）に応ずる電気の供給を行う事業

基づいている．

　2000年3月からの大口小売り供給の自由化に関わるのは特定規模電気事業である．これは，1996年からの発電部門における卸供給入札制度に引き続く，産業用の大口電力分野自由化の拡充発展と言える．

　この分野に新たに参入した，あるいは参入を計画している企業は，鉄鋼，石油など，もともと自家発電施設を所有し，設備や資源の有効利用を模索していた企業群であることが最大の特色である．そして，これらによって，電力会社を含め，安価な産業用電力を全国規模で確保することが可能であるとされ，たとえば，「トヨタ」が「関西電力」と「中部電力」双方にアプローチし有利な契約を獲得しようとする行動が惹起されるのである[3]．

卸供給と特定規模電気事業

　「トーメン」は商社ではあるが，アメリカなどで積極的に風力発電事業に投資し，成功をおさめてきた．近年では，国内でも苫前町などをはじめ，風力発電事業に乗り出してきている．これは，卸供給事業ということになる．「三菱商事」がNKKから自家発電の余剰電力を購入し，これを大口需要家に販売する形で電力小売りに参入するケースは，発電設備を他人に依存したまま，特定規模電気事業となることを意味する．

　アメリカの総合エネルギー会社「エンロン」（天然ガス，電力）は，その子会社「エンコム」（オリックスも出資）を通じて日本で電力小売りを行う意向であった．その際，自家発電の余剰電力を電源として考えていた．しかしながら，その後，2001年12月2日，「エンロン」はその不透明な会計処理が発覚することによって経営難に陥り，米連邦破産法の適用を受ける事態となった．したがって，日本の子会社もその事業継続が難しくなった．同社は，アメリカにおけるエネルギー業界の規制緩和の波に乗って急成長し，発電所開発，電力の卸売り，小売り，インターネット取引へと業務を拡大し，2000年末で売上高1,000億ドルを超え，全米7位の企業にのしあがっていた．経営破綻の直接的原因が会計処理上の不正にあったとしても，電力を他

の一般商品と同じレベルで徹底した市場化を図ることに対しては，より慎重であるべきことをわれわれに教えてくれる事例であろう．

このように，日本企業がアメリカ電力市場に参入し，逆にアメリカ企業が日本の電力市場に参入する姿が今後の電力市場の形として想定されている．電力自由化は国境を越えての自由化をも意味しており，わが国から見れば，電力市場の開放である．国民にとって，国内市場の開放がいつでもよい結果になるとは限らない．現在進行している「部分自由化」は3年後に再検討されることになっているが，家庭用を中心とした小規模電力消費者を自由化の対象に含める問題など，課題は多い．

3. 自由化施策から抜け落ちたテーマ

電力自由化を推進する立場がなによりも強調しているのは，日本の電気料金が国際水準からみて，割高であり，これを引き下げることによって，日本企業の競争力を高めることであった．この安価な電力を生み出すために動員されるのが，当時のエネルギー原料価格からして（これも，国際動向から変動する可能性は否定できない．近年の原油価格の動向に留意が必要），石炭・石油火力発電であることは経済原理からいって必然であった．しかし，同時に，このことによって二酸化炭素の排出増加など，環境へのマイナス影響が深刻になることは軽視され，「自由化」だけが先行したのである．1996年度から開始された卸供給入札制度に応じてきた企業が，従来から自家発電設備を有し，しかもその設備が過剰設備となっていた企業（鉄鋼，セメント，パルプ）や，残渣油など有利な発電原料を処理しようとしていた石油精製企業であったことはすでに見た通りであるが，これらの設備が環境負荷の点で問題視されていたことは言うまでもない．座間市の「品川白煉瓦㈱」の卸供給事業が環境悪化を恐れる付近住民の反対によって頓挫したのは，その典型である[4]．この矛盾は，1997年京都会議において，2010年に二酸化炭素排出を90年レベルまで削減するという国際公約をなし，その切り札として原

子力と新エネルギーの開発推進を掲げたことによって，さらに，深まっていく[5]．

新エネルギー開発への消極性

京都会議で確認された二酸化炭素削減の目標達成を目指すということで，1998年6月，通産大臣の諮問機関「総合エネルギー調査会・需給部会」において，2010年を目標年とする「長期エネルギー需給見通し」が策定された．そこで強調されたのは，省エネ対策とともに，原子力と新エネルギーの開発促進であった．そのうち，電力に直接関わる原子力，太陽光発電，風力発電，廃棄物発電の目標数値は，それぞれ7000，500，30，500万kWとなっていた．原子力発電の1996年度末設備容量が4255万kWであるので，差し引き2745万kW（100万kW級で27基相当）が必要ということになる．他方，風力発電は97年度実績で2.1万kWに対し，目標年で30万kWとなっていた．しかし，国の助成措置もあって，風力発電設備の建設が全国で相次ぎ，2002年度末で41.5万kWになっており，目標年の当初目標をすでに超えている[6]．とりわけ，北海道は地の利もあり，建設計画が目白押しで，99年段階で，構想を含め50万kWが計画され，その急速な増加にあわてた「北電」が15万kWの買い取り上限枠を設定する事態となったほどである．建設費の2分の1から3分の1を補助するということと，電力会社が1kW時あたり11円台で買い取るという優遇措置が増大の背景にあるが，この措置を継続し，風力発電を促進するとするならば，電力会社がその負担におびえて尻込みするような制度では具合が悪い．それにしても，30万kWという政府目標はいかにも低すぎるように思われる．こうした事態を背景に，目標数値と現実の整備状況の乖離を埋めるため，2001年7月の「総合エネルギー調査会・需給部会」において，風力発電の2010年度目標が300万kWと改められた．2002年時点で，ドイツにおける風力発電設備は，すでに1200万kWを超えているが，これは総発電設備中にしめる比率からすれば，わが国では優に2000万kWを超える規模に相当する．新技術の導入普及段

階にあっては，政府による政策的誘導措置のあり方によって結果が大きく異なってくることを示すよい事例であろう．

「自然エネルギー促進法」と「原子力立地地域振興法」
　わが国のエネルギー政策上，新エネルギーと原子力がどのように扱われているかの実状を示す象徴的な出来事が2000年に起きた．すなわち，「自然エネルギー促進法案」と「原子力立地地域振興法案」の国会での取り扱いである．超党派の国会議員で組織された「自然エネルギー促進議員連盟」が成立を目指す「自然エネルギー促進法案」は，2000年春に原案が出来上がり，国会提出を待つだけであったが，自然エネルギーよりも原子力発電を推進する自民党内の「原発推進派」や電力会社の反対が強く，国会提出する時期をうかがう事態となっていた．他方，原子力発電所の立地が思うように進まないことに危機感を持った「原発推進派」は，原発立地地域に今まで以上に手厚い補助が「期待」できる制度を盛り込んだ「原子力立地地域振興法案」を国会に提出し，2000年12月に成立させたのである．先述したように，「トーメン」など民間企業による風力発電設備の建設や，地域自治体などによる風力発電による地域興し運動が全国で展開されようとしているが，国会での両法案の取り扱い，また，「北海道電力」が風力発電からの買い取り枠を15万kWに制限したのに続いて，「東北電力」も30万kWに制限するなど，電力会社の風力に対する姿勢は明らかに後ろ向きであった．加えて，通産省が実施してきた太陽光発電に対する補助制度が2002年度をもって打ち切られることになっていたが，現在なおこの補助制度は継続中である．しかし，財務省サイドは，この補助制度の当初目標である1kW当たり40万円程度にまで設備価格が下がったとして，2005年度中には制度を廃止することを考えている[7]．確かに，わが国の太陽光発電の普及状況は諸外国に比べ，大きく前進していると言えるが，本来期待される水準にはなお遠い．

4. エネルギー産業の特色と位置づけ

(1) エネルギー産業の社会的規制

　エネルギー産業といっても，その中身は同一ではなく，検討に当たっては当該産業の性格に基づいた個別の分析が必要になってくることは当然であるが，ここでは，とりあえず，次の点だけは確認しておきたい．電気にしろ石油にしろ，それらが現代の国民生活と産業活動にとってなくてはならない「必需品」であることについては多言を要しない．その意味で電気や石油の供給については安定的かつ安価な供給が可能となるシステムが必要であり，そのための公共規制も社会的に要請されてきた経緯があり，「電気事業法」や「石油業法」はそのための法的制度として機能してきた．したがって，こうした「必需性」から要請されてくる社会的規制については両者ともに広くかつ深く受け入れざるを得なかったのがこれまでの経過であり，その限りでの両者の共通性も明瞭である．

　しかしながら，両者の供給システムには大きな違いがある．わが国のように1次エネルギー資源の産出に恵まれない国では，石油・石炭などがまず海外から輸入されなければならないが，その供給国との関係が政治的にも経済的にも安定している限りは，とりあえず供給は保証されていると考えられる．この前提を議論することが「エネルギー安全保障」の問題であるが，ここでは，これ以上立ち入らない．1次エネルギー源が国産であれ海外輸入であれ，こうして確保されてからの電気と石油はそれぞれ異なるシステムによって最終消費者まで運ばれることになる．電気は発電所から送電線を経由して各需要家まで一貫したシステムによって供給するのを基本とするが，石油の場合は，精油所からタンカー，貨車，タンクローリーなどの輸送手段を通じて個別の大口需要家または仲介業者や小売業者に供給するのが一般的であり，最終需要家に対するガソリン，灯油などの供給はスタンドなど個別の流通業者の手を通じて行なわれることになる．電気は，その性質上生産（発電）と消

第2章 電力自由化時代のエネルギー産業

費が同時であり，貯蔵もできないが，石油はタンクなどによって貯蔵ができ，生産と消費の異時性が保持されている．特に重要なのは，電気は生産者と消費者が1つの導線によって結びついており，この導線が消費者にとって，いわば「共同利用」する設備となっている点である．石油の場合は，仮にパイプラインによって供給するシステムが可能であるとしても，重油，軽油，灯油，ガソリンなどを同時に輸送することはできないし，需要家ごとにこれを振り分けることも困難である．したがって，基本的にはあらかじめ精油所で個々の石油製品とした上で，これまた個々別々の輸送手段によって需要家まで届けるシステムを構築せざるを得ないのである．LNGやLPGについても基本的には石油と同様に考えることが可能である．ただ，この点に関しては，それぞれ独自の産業組織，とりわけ生産部門と輸送部門たる井戸元とパイプラインを基本的には備えていないわが国の石油，ガス事業の産業組織のあり方に即して問題を立てるべきであり，諸外国との一律的議論にはなじまない部分があることは注意が必要である．

　したがって，両者を一律に議論することが許されるのは，両者の「安全性」や「必需性」など社会的に見た場合のセキュリティの側面からアプローチするケースに限定されることになる．

　これまで，石油・石炭などが特に海外から円滑に供給されることを前提に議論を進めてきたが，これらのエネルギー源が一次的にせよ，供給不足や供給途絶を起こすことを含めてエネルギー問題を論じることがセキュリティ問題としての「エネルギー安全保障」である．2度の石油危機の経験を通して，わが国のエネルギー政策は，石油から石炭・天然ガスそして原子力への代替化と石油備蓄の強化などを柱とする対応によって石油輸入国としての立場を強化する政策に特化してきた．これまでのところ，この政策は大きな破綻を示すことなく事態を乗り切ってきたように思われるが，発電エネルギー源に占める石油の比重が低下したことを別とすれば，1次エネルギートータルに占める石油のシェアは依然として半ばを越えており，その消費絶対量としては第1次石油危機時のそれを凌駕している．また，石油から代替された天然

ガスや石炭も本質的には石油と同じ枯渇型エネルギー源であるが，全体としてのこれら枯渇型エネルギー源への依存度は8割を超え，なおハイレベルであり，しかも，わが国はこれらをほぼ全量輸入に頼っている．

このように，枯渇型のエネルギー源に頼らざるを得ないわが国エネルギー供給構造は，21世紀，少なくともその前半においては基本的に維持されるであろう．風力，太陽光など再生可能エネルギーの積極的な導入や原子力の推進にもかかわらずその構造は変わらないであろう．だからこそ，わが国としては，産油国などとの良好な関係を保ちながら，石油の安定供給構造を構築しつつ，しかしながらその依存度を少しでも低くするための新エネルギー開発の努力を惜しんではならないのである．

(2) 公益事業としての電気事業

「電気」が，一般家庭における基礎的財であるということに加えて，産業全般にとっての基本的生産条件になっていることは言うまでもないことであり，そのような「必需財」を供給するという意味での「公益事業」の代表として電気事業が扱われてきたのは当然である．一般電気事業者に課せられている「正当な理由がなければ，その供給区域における一般の需要に応ずる電気の供給を拒んではならない」という「供給義務」や「料金規制」も基本的にはこの「必需性」に由来している．この電気を含め，ガス，水道，電話，鉄道，道路などは都市機能における「ライフライン」とも呼ばれ，都市住民にとっては，文字通り「生命線」となっているインフラである．このような「ライフライン」に相当するサービス供給は，一般的には公共サービスとして自治体や国などの公的機関によって行なわれるケースが多い．仮に民間事業者によって行なわれる場合でも，それは本質的には公共サービスの受託に基づくものと考えられる．需要家サイドから見た場合，こうしたサービスは極めて均質的であり，供給サイドの所有主体がどうあれ，基本的には同種のサービスを受けていると言ってよい．「ライフライン」によるサービス供給については，供給主体の問題は，いわば二次的な問題であって，安価かつ安

定的に供給されるシステムであれば，どのような供給主体でも差し支えないものである．しかしながら，歴史の教えるところによれば，「ライフライン」を自治体などの公的機関の要件としてきたのが基本的流れであり，民間事業者がこれを行なう場合には，自治体などの公的機関との認可契約によって，「供給義務」や「料金規制」を伴う「規制事業」として展開されてきたのが実態である．こうした「実態」が形成されてきた背景には，電気の「必需性」に基づく社会的規制が広く受け入れられてきたという事情があったことは何度強調してもしすぎることはない．

　しかしながら，電気事業を扱っているこれまでの文献の多くは，電気事業における規制根拠として真っ先に「自然独占性」を挙げている．もちろん，その場合でも，電気の「必需性」や「安全性」など「社会的規制」につながる要素について言及されないことはあり得ないが，「自然独占」の理論展開にとってこれらの要素は本質的な意味を持っていない．たとえば，「自然独占性というのは，ある産業の市場需要に見合った供給量の生産を考えたとき，その技術的特性から，ただ1企業のみによって生産されるほうが複数の企業による場合よりも費用が安くなるという性質を指す．したがって，もしこの条件が成立している産業では，1企業のみに生産・供給を委ねたほうが費用が安くなり，経済効率性の観点から望ましいということになる．しかし他方，市場の供給サイドを1私企業に任せれば，価格支配などの独占の弊害が発生するので，これを防ぐために公的機関による料金規制などが参入規制と同時に必要とされる．これが，自然独占性を根拠とする公益事業規制の基本的考え方である」[8]と言われるとき，「社会的規制」につながる要素が介在する余地は何もないことが理解されるのである．

　こうした「自然独占」理論をベースにして，電気事業は，巨大なネットワークシステムを通じて供給することによって規模の経済の利益を享受でき，またこのシステム投資の埋没性が大きいことから，一定の地域における競争を排除し，特定企業による独占的供給を促すのが合理的であり，また法的にはこの分野を独占禁止法の適用除外とすることによって，その独占性を容認

してきたことになる．この論理にしたがうと，すでに述べた「供給義務」や「料金規制」は，電気事業者の独占的地位を認めることによって生じる電気事業者の優位性を消費者に対して不当なレベルまで高めないための防波堤の役割を果たすものと考えられており，いわば「負の見返り」としての規制という性格が与えられていることになる．電気事業を含めた「公益事業」に対する規制根拠がもっぱら「自然独占性」に求められている限り，「公益事業規制」が消極的なこの「負の見返り」論によって説明されざるを得ないのは当然であるし，何よりも問題なのは，自然独占性がそもそも電気事業に存在するのかという大元に疑問が生じている状況下では，これまでの規制根拠が足下から崩れざるを得ない点である．電気事業に対する「経済学的アプローチ」がこの問題に集中し，これまでのところ発電部門において規模の経済性あるいは自然独占性が失われており，少なくともこの部門における規制根拠は希薄化していると結論することが目立つのは[9]，以上のような事情から理解される．こうした発電部門における規模の経済性喪失問題と並んで，大規模発電所とりわけ原子力発電所が需要地からますます遠隔化することに伴う送電効率の低下が全体としての電気事業の経済性を低下させているとの指摘が自由化論者によってしばしば行なわれているが，この指摘は原子力発電が安全性のみならず，経済性の点でも問題を含んでいることを傍証していることになるのであって，今後の電源政策に対しても重大な問題を投げかけていることになる．少なくとも，原子力による大規模電源開発を経済効率の面から積極的に推進していく合理的理由はないことになろう．

　いずれにしろ，経済的合理性を柱とする自然独占性という原理が崩れているとすれば，それによって合理化されてきた電気事業の「地域独占」もその足下から崩壊せざるを得ないのは，ほとんど証明の必要がないほど自明なことである．その意味で，電気事業者サイドの関係者やこの原理を拠り所として議論を組み立ててきた論者の多くが，自由化論者の攻勢の前に一方的に守勢に回ってきたのは当然である．この分野における専門家の最近の議論は，発電分野における自然独占性が失われているのに対し，送配電分野において

は依然として自然独占性が顕著に見られるというものに大勢として流れているように見受けられる．しかしながら，依拠するデータや数式によって結論が多少ずれるというのであればまだしも，正反対の結論が導かれるとしたら，検討の手法から再考すべきであると思われる．事実は1つなのである．電気事業はこれまで「地域独占」によって経営されてきたのであって，理論によってあれこれ理由づけできるかどうかに関わりなく，独占的経営なのであった．繰り返しになるが，これは事実の問題であって，理論の問題ではない．「地域独占」という事実を「自然独占」という理論で説明できたと考えてきたから，「地域独占」という事実を否定するために「自然独占」という理論を放棄しなくてはならないという論法に陥っているだけなのである．

　電気事業の「地域独占」とは，かくもたやすく崩れ去るような根拠薄弱な制度・システムであったのか，今一度原点にもどって考えてみることにしよう．

(3) 電気事業と「地域独占」

　電気事業に対する公的規制の根拠あるいはその「独占性」とりわけ「地域独占」の根拠はどこにあるのであろうか．電気事業の形成過程に立ち返りながら考えてみることにする．電気事業の初期，1910年代位までの時期，電灯はまだガス灯などとの競争サービスであり，むしろ奢侈品とさえ言える段階にあった．動力としての電力としてもこの時期以降に本格的な展開が始まっていく．ところが，電気事業はこのような段階に至る前にすでに基本的には「地域独占」としての地位を有していた．電気事業がその初発において「地域独占」でなければならなかったのは，電気商品の生産・供給システム自体がそれを要求していたからである．すなわち，電気商品を一般需要家に供給しようとする事業家は送電・配電システムを基本的には公道上(下)の設備として設置せざるを得ず，その公道使用権を獲得するために，その公道管理者たる自治体と交渉することが必要となってくる．したがってまた，公道を利用しての配電の範囲は自治体の行政範囲と無関係には行なえないこと

になる．逆に特定の自治体に居住する，あるいは生産拠点を置く各需要家は任意の電気事業者を選択することができず，あくまでも当該自治体が交渉・契約した事業者から供給を受けざるを得ない仕組みができあがるのである．このような電気事業には民間事業者ばかりでなく，自治体自身が従事するケースも多いが，いずれにしろ自治体の行政範囲と供給範囲は密接不可分の関係にあることは明瞭である．

　このことが電気事業における「地域独占」生成の基本的理由である．それゆえ，また「地域独占」は規模の経済を追求することや投資の埋没性を考慮するという経済的合理性を追い求めた結果の産物でもない．電気供給を行なおうとする自治体の行政範囲が広く，また需要家が極めて多い場合，当該自治体が契約する事業者だけでは供給を賄いきれず，他の事業者がそれをカバーするケースが出てくる．そして，それぞれの事業家が設備増強することによって，与えられた範囲を越えるような供給力を保持したとき，いわゆる「破滅的競争」状態となり，平和的か暴力的か，いずれにしろ「地域寡占」から「地域独占」へと移行していくのである．このようなケースは，本来地域独占によって行なわれるべき電気供給が，供給力と供給範囲のギャップによって複数の供給者を必要とするという条件の下で過渡的に生じたケースと理解されよう．さらに，このような「地域独占」契約を多数の自治体と締結することによって次第により広範囲の供給地域を支配する事業者が誕生し，そうした事業者は，単独のそれも小規模の自治体のみを対象とした事業者に比べれば，明らかに規模の経済の利益を享受しやすいことになるが，それは，より広域の「地域独占」であるがゆえに大規模発電所が求められ，そのことによって一層の発電コストの低廉化と設備利用率の向上が達成されるということである．もちろん，そのことは地域独占を保証された事業者が経済効率を追求する中で大規模発電所を建設し，その発電所の供給力と既定の供給範囲が矛盾することになり，より広範囲の供給範囲，したがってより広域の「地域独占」を求めていくということと矛盾することではない．いずれにしろ，電気事業は，その規模の大小に関わりなく「地域独占」なのであって，

電気事業の独占性を規模の経済あるいは自然独占性といった点から理論的に導いてくるという関係にはないということに留意が必要である[10]．

(4) ガス事業と「地域独占」

電気事業について述べた点は，ガス事業についても基本的には同様にあてはまる．わが国のガス事業について言えば，需要家が70万から750万件に達する「東京ガス」，「大阪ガス」，「東邦ガス」，「西部ガス」といった大手4社が存在するのに対し，需要家が20～60万件から1,000件に満たないような中小規模の事業者が168社存在し，さらに，地方自治体が経営する72の中小規模の公営ガス事業者が存在するという状態である[11]．このような，大小様々な規模の都市ガス事業者が併存するという点がわが国ガス事業の特色でもあり，電気事業と異なる点である．また，プロパンガス事業者などとの競争の存在という点でも電気と一律に論じるのが躊躇されるところである．しかしながら，「地域独占」という問題から考えると，このようなガス事業の存在態様それ自体が「地域独占」の生成根拠の核心を突いているのが理解される．わが国に存在する200数十のガス事業者はその規模の大小にかかわりなく「地域独占」としての地位を付与されているが，それは各事業者が規模の経済性を追求したからそうなったのではなく，供給地域として申請する地域が自治体の行政範囲に基本的には含まれ，しかも，その線引き自体が勝手に行なわれるのではなく，全体として公的規制の下にあるからである．したがって，事業規模の拡大を追求しようとするならば，この「地域独占」としての枠組みを，さらに崩して再構成しなければならないが，そうしてできあがる拡大された「地域独占」もやはり，基本的には「地域独占」の複合体という形をとらざるを得ないのである．このような「地域独占」の複合体を経営する事業体がたとえば1社となることによって，もともとの構成要素である個別の「地域独占」の存在を見えなくしているのがわが国の電気事業の姿でり，逆にガス事業ではその痕跡がはっきり残っているのである．もちろん，ガス事業が電気事業と同様の発展過程をたどる可能性が否定されるわけ

ではなく，現にこれまでもその道が追求された．したがって，わが国の電気事業とガス事業については，なぜ現在のような異なるタイプの「地域独占」が形成されてきたのかというテーマが設定され得ることになるが，この点について，従来はガス事業における自然独占性が電気事業のそれに比べてなぜ弱いのかという視点からの分析がなされてきたことになるのであり，自然独占概念によるその分析手法について再吟味が要請されていることには変わりがない．

わが国のガス事業における自由化を論ずるにあたって，諸外国の経験を参考にすることは，電力自由化の場合と同様，一般的には必要であり，有意義なことであろう．しかし，その際，各国のガス事業の成立過程と現状における産業組織，とりわけ生産拠点としてのガス田およびその井戸元からのガスパイプラインの整備状況など，いわゆる「上流部門」のあり方の違いを無視ないし軽視する論調が目立つ．「ガス導管開放」といっても，わが国とアメリカ，ヨーロッパとではおよそ同列に論じるのがはばかれるほど事情が異なっている．上述の筆者の議論も，こうした違いをとりあえず棚に上げ，地域配給部面での地域独占体制を論じたに止まっている[12]．

以上見てきたように，ガス事業における「地域独占」問題については，電気事業に比べるとその地域独占範囲がかなり小さいということのほか，ガス事業が簡易ガス事業やプロパンガス事業，そして石油業などと基本的には競争関係にあるということが忘れられてはならない．いずれにしても，ガス事業が地域独占を与えられた都市ガス事業としてのみ考察されることは，今後ますます少なくなるであろう．そして，それは電気事業との競争を軸としつつコージェネシステム構築のヘゲモニー争いの場でいよいよ厳しい様相を呈することになろう．

(5) 石油産業における規制改革

これまで見てきた「地域独占」型のエネルギー産業については，公益事業規制によって，いわば，「守られた」産業という評価が定着してきたように

第2章　電力自由化時代のエネルギー産業

思われる．ただ，誤解のないようにしておきたいのは，この場合，「守られて」いるのは，決して電気事業者やガス事業者なのではなく，その「地域独占」の下にある消費者であるという点である．

　これに対して，石油産業は，地域独占として保護されるということはなく，一般企業と同じく競争市場の下で活動することが原則であり，したがって，「独占禁止法」の適用除外ともならない．もちろん，石油という国民生活上必須の商品を対象としていることからくる規制は安全規制を含め，一般商品に比べれば，明らかに規制の強い商品である．しかし，その石油元売りとしての供給者（わが国の産業構造からみて，石油井戸をもって実際上も石油生産を行っている本来的生産者はごく一部であるので，以後の叙述では，これら上流部分の問題をとりあえず切り離し，元売り各社による精製部門以降の国内産業を石油産業として扱うことにしたい）は，それぞれ全国展開を前提にして国内販売競争を行うという構造になっている．従来，これら石油元売り各社は国内において過剰設備による過剰生産問題を慢性的にかかえ，カルテル体質の強い産業という評価を受けるとともに，他方では，ガソリンスタンドを含め，業界の「過当競争体質」という指摘もなされてきた．

　したがって，石油産業における自由化と規制緩和は，一方において，カルテル体質からの脱却という課題と，他方においては，過当競争体質の是正という，一見して「矛盾」した課題を背負うことになる．

　そして，1996年4月に「特定石油製品輸入暫定措置法」が廃止されたのを皮切りに，ガソリンスタンドの指定地区制度の廃止によるスタンド新増設解禁（1996年10月），供給元証明制度廃止（1998年1月），有人セルフ方式ガソリンスタンド解禁（1998年4月）などの自由化措置が相次いでいくが，これらは，明らかに前者の課題，すなわち「カルテル体質からの脱却」という課題に応えようとするものである．

　他方，「日石三菱」の成立に象徴されるような，外資系，民族系を問わず進行しつつある石油元売り各社の合併・提携の動きは，後者の課題，「過当競争体質からの脱却」という課題に応えようとするものである．

後者の課題は，自由化や規制緩和が単に国内的要因から求められているのではなく，まさにグローバリゼーションが進行する下での世界市場競争に勝ち残ろうとするビッグワン志向から求められていることを示しているであり，規制緩和が自由で平等な競争市場を構築し，もって消費者の利益をはかるものであるという主張の「牧歌」性を明らかにしている．すなわち，前者の課題は後者の課題遂行の前ではすでに単なる枕詞に成り下がっているのである．

5. 公益事業の多角化

　電気事業やガス事業がそれぞれの事業法によって詳細な公共規制の下に置かれてきたのが従来の姿であり，その規制の核心は地域供給独占と供給責任であった．したがって，そうした公益事業会社が一定の利益を保証されるのは，あくまでも当該地域の消費者の便益を低下させないため，あるいは向上させるためにのみという限定が付されていた．公益事業会社が事業の多角化について大きな制約を課せられてきたのも，こうした公共規制の大枠の中ではけだし当然の措置であったと思われる．その利益を事業目的以外に投下するなどという発想は伝統的な公益事業ではほとんど排除されてきたのである．しかしながら，自由化と規制緩和が強く意識され始めた 80 年代以降，この考え方に少しずつ変化が現れてくる．本来の事業目的以外であっても，新しい投資行為が公益性あるものであればよい，必ずしも公益性がなくとも，その投資によって生じうるリスクを消費者が被ることがないという保証がある，たとえリスクがあっても株主が責任を負うことで問題解決が図れる等々．こうした考え方に沿って，たとえば電力会社が通信事業に進出するケースも見られる．しかしながら，全体として見れば，電気・ガス事業における多角化は本来の事業の関連部門を自立化させたものが圧倒的であって，全く関係のない新規事業に本格的に進出するケースは少なかったように思われる[13]．

　90 年代になって，むしろ注目されるのは，公益事業がもともと本業としてきたそれぞれの事業分野における人的および物的資源をベースにして海外

事業に進出していくという事態である．このような海外展開にあたっては本来の公益事業会社というよりは，対消費者との関係において従来公益事業会社より制約の小さかった卸電力会社，たとえば「電源開発株式会社」がその先鞭をつける形となっている．電力会社やガス会社でも計画が策定されている段階であるがまだ本格的な展開を見てはいない．しかしながら，国内における電気事業あるいはガス事業の展開が市場的に見てほとんど飽和に近い状態になりつつあり，十分なコスト・パフォーマンスが得られる展望がないとすれば，将来性ある海外市場，とりわけ急激な経済成長を達成しつつ，同時に膨大なエネルギー需要が見込まれているアジア市場に公益事業会社本体が進出していこうとするのは考えられなくはない．まして，公共規制がはずされ，一般の民間会社と同様の行動様式を採ることに制約がなくなるならば，こうした戦略が具体化する可能性は大きい．もっとも，その場合でも「公益事業」としての「大義名分」は掲げ続けられるであろうが．

　このように，わが国の「公益事業会社」が海外進出することとは逆に，わが国の公益事業市場に海外からの資本が流入してくる問題についても考慮しておかなくてはならない．公益事業分野における規制緩和と自由化は，これらの分野で従来独占的地位をもち膨大な利益をあげてきた企業が他の事業分野に進出していく可能性を広げると同時に，当然この分野への他の産業からの進出の道も開くのである．電気事業については，卸電気事業への参入という道が開かれ，1997年度から入札が行なわれ始めた．この入札制度のこれまでの実施状況を見てみると，入札に参加した企業も落札した企業も，ほとんどが鉄鋼，石油などもともと自家発に従事してきた企業が圧倒的である．その限りでは，自家発など発電事業に参加できる条件を有していた企業にとっては，電力自由化が1つのビジネスチャンスを生み出したことになり，電力自由化を推奨する人々にとっては歓迎すべき状況の出現というところであろう．しかしながら，問題は発電市場におけるこうした自由化が全体としての電力供給システムをどこに導くことになるのか，とりわけ一般家庭を中心とした小口の需要家にとって，その供給が必需財の機能を損なうことなく実

施されるのかという点での慎重な検討が求められているにもかかわらず，ここでの議論が等閑視される傾向が強いことである．今ひとつの問題は，発電分野であるとともに配電分野にも直接関わるコージェネシステムなどを中心とした従来からの自家発とは異なる小口または業務用さらには一般家庭用をも対象とした分散型電源をこれまでの大規模系統にどのように組み込んでいくのか，という点での総合的視野からの検討も十分行なわれているとは言えないことである．この点については，第4章3節において考察することにしたい．

6. ユニバーサル・サービスと供給責務

　以上，電気・ガスなど，いわゆる「公益事業」を構成するエネルギー産業を中心にしながら，エネルギー産業において進展している規制改革の現状と問題点について検討を行なってきた．以下，わが国エネルギー産業の今後の展望について若干の見通しについて述べることによってこの章の結びとしよう．

　まず第1に指摘すべき点は，今後10年，20年というスパンで考えるとき，エネルギーの需給がどうなるかの見通しをより正確に行なうべきではないかという点である．わが国のエネルギー供給の将来を規定してきた「長期エネルギー需給見通し」について，一方で，気候変動に関する国際連合枠組み条約に基づく二酸化炭素などの排出規制値の達成という環境制約，他方で，確保すべき供給力の中核として期待されている原子力発電所の立地上の制約などによって，その実現性が危ぶまれ，再検討が余儀なくされている現状がある．ただ，その際，問題として意識されているのは拡大する需要に対していかにして供給力を確保するかということであって，低成長経済にもかかわらずエネルギー需要が一路右肩上がりに進むという前提を変えていない．ちなみに，わが国の総人口が2007年にそのピークに達し，その後急激に人口減少期に入るという厚生労働省の予測を考慮するだけでも，この点の妥当性を

検証することの必要性を痛感する．

　第2に，エネルギー供給システムについて，従来型の個別エネルギーごとの供給システムではなく，複数のエネルギーを統合的に供給するシステムの必要性が高まっていることである．この点は，さしあたってはコージェネシステムの有効性という技術的な観点から引き出される方向性であるが，それだけではなく，電気事業者がガスを，またガス事業者が電気をそれぞれ供給するという複合的・競合的システムの出現が各事業法の再検討を要請せざるを得ないという点からも現実味を帯びてくるのである．さらに，この点は，大手，中小のエネルギー供給事業者の再編成問題でもある．この問題については，熱供給事業における複合エネルギーシステム構築を軸に考察することが要諦であろう．

　同時に次の点が重要である．すなわち，ことは1国のエネルギー供給システムの問題であり，これを電気，ガス，石油などそれぞれの構成メンバー間あるいは業種を越えた企業間競争の問題，より安価なエネルギー供給をめぐる企業生き残り問題に矮小化されてはならないであろう．

　第3に，以上の2点の指摘から必然的に生まれてくることであるが，エネルギーの生産と供給について，これをどこまで市場的なシステムに任せるべきか，あるいは逆に国家または自治体など公的機関がどのように社会的・経済的規制を加えるべきか，新しい規制体系の構築が求められているということである．その際，電気・ガスなど従来からの公益事業型エネルギー産業と石油・LPGなど市場経由型エネルギー産業の区別と関連に立脚した規制のあり方が中心的に考慮されることになろう．

　この点に関わって，最後にユニバーサル・サービスないし公共責務との関係でエネルギー産業を位置づけし直す必要があると考えられる．これまで述べてきたことから明らかなように，エネルギー産業における規制緩和と自由化は，これを推進する立場からすると，たとえば公的規制を受けてきた電力会社やガス会社が限りなく一般会社（普通の会社）になることと理解されている．しかしながら，電力会社やガス会社はユニバーサル・サービスを中心

とした国民生活にとってのシビルミニマムを供給するという公共責務を負った会社であり，最初から「普通の会社」にはなれない宿命を持っているのである．電気事業やガス事業に関わる諸規制は社会的規制を含め，基本的にはこの公共責務に由来するものである．一部の事業分野が自由化されることがあるにしても，公共責務そのものがなくなるわけではない．また，この公共責務が社会的共通資本としてのインフラストラクチュアの整備と維持に結びついている限り，すべての事業分野が自由化されることもあり得ない．エネルギー産業，とりわけインフラ経由型の電気・ガス・熱供給は複数の需要家による共同消費の仕組みを担保することなしには成立し得ない産業であることを改めて強調しておきたい．

注
1) 2002年8月に発覚した「東京電力」福島第1原子力発電所の原子炉シュラウド（炉心隔壁）損傷隠し事件から2年後，今度は「関西電力」美浜原子力発電所において，2次冷却系の配管の破裂事故が発生，11名の死傷者という原子力開発史上最悪の犠牲者を出す大惨事となった．直接の事故原因は高圧の熱水流が引き起こす配管内部の減肉減少であるとされており，原子力発電所だけでなく，火力発電所など高温高圧の蒸気や熱水配管を伴う施設であれば必ず生じる可能性の高い現象であると言われている．したがって，経年に応じた点検と修理・補修あるいは取り替えによる対応が当然とられるべき施設であった．当初点検をまかされていたメーカー「三菱重工業」やその後点検業務を請け負った「日本アーム」などが，そのチェックミスを指摘されたが，いずれにしても，最終的には「関西電力」が責任を負うべきであって，むしろ，点検を「丸投げ」状態にしてきた体制こそが指弾されるべきである．しばしば言われているように，放射能を含むことが想定されない2次系配管であるがゆえに，点検をおろそかにし，27年間も放置することになった結果がこの事故であるとするならば，わが国の原子力発電所の安全対策が効率主義に汚染されるという致命的な欠陥を有しており，関係者が「原発は絶対安全である」と主張する，その足元から「安全」を掘り崩す事態となっている（「朝日新聞」2004年8月11日，「日本経済新聞」2004年8月16日参照）．
2) さしあたり，ネットワーク・ビジネス研究会編『ネットワーク・ビジネスの新展開』八千代出版，2004年，第6章参照のこと．なお，より詳しくは，第1章の注29記載の文献に当たられたい．

3) 本書第4章2(2)参照のこと．
 4) 計画が破棄されるに至らないまでも，地元の自治体などの厳しい環境規制をクリアするために必要な追加投資が進出企業にとっての大きな障害になるのは目に見えている．
 5) 「朝日新聞」2000年4月25日参照．
 6) 「日本経済新聞」2003年6月15日．
 7) 「日本経済新聞」2003年8月9日参照．
 8) 植草益編『講座・公的規制と産業①電力』NTT出版，1994年，65ページ．
 9) 植草，同上書，第4章．
10) 小坂直人「電気事業と規制緩和をめぐる一論点」『北海学園大学経済論集』第42巻第4号，1995年参照．
11) 植草益・横倉尚編『講座・公的規制と産業②都市ガス』NTT出版，1994年参照．
12) わが国のガスパイプラインの整備状況あるいはその抱える問題については，吉武惇二・吉川栄和「日本における天然ガスパイプラインの発達形態の特徴とLNG輸送におけるローリー・トラックと鉄道コンテナの経済性比較」『公益事業研究』第56巻第3号，2004年12月および山本純・秋山雅彦「天然ガス輸送と日本における幹線パイプライン敷設の問題点」『札幌学院商経論集』第21巻第2号，2004年12月参照．なお，イギリス，アメリカにおけるガス事業の展開については，公益事業学会編『現代公益事業の競争と規制』電力新報社，1990年，第4章ガス事業における規制緩和の構造と発展（竹田繁担当）参照のこと．
13) 佐々木弘編『公益事業の多角化』白桃書房，1988年．

第3章
有珠山噴火とインフラ整備のあり方
電気インフラを中心に

1. 自然災害とインフラストラクチュア

　火山噴火，地震等の自然災害が発生した場合，人命第1の点から，いかに住民を安全かつ速やかに避難させるかが，行政にとって最大の課題となるのは言うまでもない．その際，避難ルートと避難場所の確保，およびそのための移動手段の確保が不可欠であるが，激甚災害になると，この手段自体が壊滅することが多く，道路，鉄道等，移動手段を提供するインフラについては，いかに地震等に強い構造物を作るか，また道路等が災害を受ける前に，災害が予知された段階で事前に住民避難が完了できるようなシステムをいかに構築できるか，という点が優先課題となってくる．2000年有珠山噴火の際の住民避難が，この点で極めて教訓的な経験を示していたことは周知の通りである．その経験は，「噴火予知が的中し1人の犠牲者も出すことなく1万6千人もの人々の避難が行われたこと」[1]に集約的に現れている．この点は，もちろん特筆されるべきである．しかし，大事なのは，ハザードマップに結実した科学者と自治体の平常時における地道な取り組みの蓄積であり，住民の生命保護を最重点とする思想とそのための政策づくりに向けた住民・行政・企業，そして科学者の信頼に基づく日常的な努力であろう．ここで，筆者が，あえて企業を一員として数えるべきだとするのは，次のような問題があるからである．

災害時に問題となるインフラには，上記の移動手段とは異なって，日常生活と経常的な経済活動のための必需サービスとしてのインフラ，すなわち電気，ガス，水道，電話等の供給サービスがある．このうち，水道以外は，一般的には民間企業によってサービス供給がなされていて，行政が直接タッチするものではない．しかし，供給主体が誰であれ，これらのサービスが行なわれなくなると，たちどころに住民生活が混乱に陥ることは，現代社会の宿命である．したがって，民間企業といえども，災害に強い供給設備を構築し，いったん災害によって，供給サービスが途絶えたならば，直ちに復旧活動に取り組む必要がある．

2000年有珠山噴火を契機として，虻田町(あぶた)，壮瞥町(そうべつ)，伊達市(だて)あるいは北海道庁など関係自治体において噴火災害復興計画が策定されているが，その中でも，必ずライフラインの整備について触れられることになる．たとえば，道は，ライフラインの整備について基本的な考え方として，上下水道，電気・電話等ライフラインの寸断を防止するため，施設の耐震化，ブロック化等を図り，災害に強いライフラインの整備を行う必要があるとし，以下の点を主要施策として挙げている．

○上下水道施設の復旧と，それにあわせた災害に強い施設の整備
　　被災した上下水道施設を早期に復旧する．復旧に当たっては，周辺環境に与える影響にも配慮しながら，耐震化やブロック化，安全な地域への移転などにより，災害に強い施設の整備を図る．
○災害に強い通信網の構築
　　中継光ケーブルの新設による伝送ルートの複線化や交換局の分散化をさらに推進する．
○電気，通信等事業者との連携の強化
　　電気，通信等事業者と行政が連携のもと災害対応力の強化を図る[2]

また，伊達市や壮瞥町の復興計画においても同様の記述が見られる[3]．

第3章　有珠山噴火とインフラ整備のあり方　　　　　　　　63

　これらの記述は，行政サイドからのライフライン整備についての基本方針をまとめたものであり，当然，上下水道など行政が直接責任を負うものについて比重がかかるものとなり，電気，通信については事業者との連携を強調するに止まっているのはやむを得ないところがあろう．しかし，だからこそ逆に，自治体行政は直接責任を持たないが，地域住民にとって必要不可欠のインフラとなっている電気，通信（電話，郵便），運輸交通（バス，鉄道）などの事業については，平常時からその実態を把握するとともに，緊急時における連携体制を円滑にとれる仕組みを構築しておかなくてはならない．各事業者が住民サービスに最終的責任を取るのは当然としても，住民・顧客から見れば供給主体が誰であれ，供給途絶のような事態は避けなければならないし，住民の最終的生存配慮をなさなければならないのは，自治体であるからである．「2000年有珠山噴火・その記録と教訓」と題して発刊された『虻田町史・別巻』には，JRや北海道郵政局，そして「道南バス」，「北海道電力」，NTT，LPガス協会など自治体行政以外のライフライン機能を担う団体組織が噴火災害時にいかに奮闘したか，その努力の一端が紹介されている[4]．

　本章は，有珠山噴火とその復旧にあたって，これらインフラを担う民間企業がいかに対応してきたかを，「北海道電力㈱」の取り組みを中心に紹介し，いくつかの教訓を得ることを課題とするものである．

2. 有珠山地域の電力系統と供給力

　電力会社に限らず，その財・サービスを管路または導線によって供給するタイプの事業は，財・サービスの生産地点と輸送経路双方に対して安定した供給を確保するためのシステムを形成しなければならない．その意味では，基本的には生産地点における保証を中心にシステム構築をすればよい一般メーカーとは異なり，目配りしなければならない範囲が最初から広いという特徴を有している．一般メーカーが財・サービスの輸送のためトラックなどを

自前で用意するにしても，道路や鉄道までも自ら建設することはない．自然災害や事故によって交通遮断が起きても，メーカー自身がその回復活動をすることはないし，求められることもない．しかし，電気やガスはその生産者・供給者が同時に輸送者であり，そのルートの確保責任も負っているのである．

　このような事情から，電力会社やガス会社は万一の事故や自然災害を想定した財・サービス供給システムを自らの責任において構築することになる．日本のような地震多発国では地震対策が一般的に必要となるし，火山活動地域では加えて火山噴火による被害想定も必要となる．それゆえ，原則的には生産地点（発電所等）はいくつかに分散させ，1つあるいはいくつかが被害を受けても，他の生産地点によって全体をカバーできるようなシステムを構築し，輸送経路についても，複数経路や迂回ルートを確保しておくことが求められている．電力会社の場合，さらに他社からの融通電力を受けるシステムも構築されており，ネットワーク事業としての優位性を発揮できることになる．表3-1からも分かるように，今回の有珠山噴火に際しても，短期間であったが，他社電力の融通を受けることによって，「北海道電力」の停止した発電所分を補っている[5]．このことが可能なのは，北海道地域全体が「北海道電力」の供給地域として設定され，そこに散在する顧客に対して最も効率的と考えられる電源配置と送電経路の設計を行なえる状況にあること，また全国に展開している電力会社相互間で広域連系をする仕組みが構築されているからである．

　都市ガス事業にあっては，供給地域が電力に比べ，はるかに限定的であり，北海道で最大の都市ガス事業者たる「北海道ガス」でも，札幌市，小樽市，函館市など局地的な展開に止まっている．当然，この離れた供給地域間の相互融通は難しいし，供給するガス種の問題もあり，現状では連系という状態にはほど遠い．しかし，将来的に，勇払産の天然ガスにガス種が一元化され，パイプラインが整備されてくれば，札幌圏を中心とした連系がいっそう強化されることになろう．有珠山地域には，ここで触れたような都市ガス事業者

第3章 有珠山噴火とインフラ整備のあり方

表3-1 融通（随時応援）受給状況

受給期間		相手会社	受給電力(MW)	日電力量(MWh)	
3/29(水)	14:35〜19:30	東京電力	300	東北	1,350
	19:30〜24:00	東北電力	300	東京	1,475
				合計	2,825
3/30(木)	0:00〜 2:00	〃	200		
	2:00〜 7:00	〃	120	東北	1,800
	7:00〜 8:00	〃	200	東京	4,900
	8:00〜22:00	東京電力	350	合計	6,700
	22:00〜24:00	東北電力	300		
3/31(金)	0:00〜 2:00	〃	200		
	2:00〜 7:00	〃	120		
	7:00〜 8:00	〃	200	東北	1,600
	8:00〜10:30	東京電力	350	東京	3,175
	10:30〜22:00	〃	200	合計	4,775
	22:00〜24:00	東北電力	200		
4/1(土)	0:00〜 1:30	〃	200	東北	700
	8:00〜22:00	東京電力	200	東京	2,800
	22:00〜24:00	東北電力	200	合計	3,500
4/2(日)	24:00〜 2:00	〃	200	東北	520
	2:00〜 3:00	〃	120	東京	0
				合計	520

（出所）『北電復旧記録』16ページ．

が存在せず，電力と比肩する形で問題は立てられないが，簡易ガス事業について，若干触れておきたい．

有珠山地域において展開している簡易ガス事業は以下の3事業である．

「虻田町かっこう台団地」供給戸数 81戸　事業者（室蘭ガス株式会社）

「伊達市にれの木団地」　供給戸数247戸　事業者（伊達ガス事業組合）

「伊達市山下団地」　　　供給戸数 78戸　事業者（伊達ガス事業組合）

いずれの事業も，いわゆる「集合住宅」のエネルギー供給のためLPガスのボンベを団地の一定箇所に集約（簡易ガス発生所あるいは特定製造所）し，そこから各需要家に対して配管供給するものである．このうち，有珠山噴火の影響を直接受ける可能性の高かったのは「虻田町かっこう台団地」であり，避難指示を受けた事業者が直ちにガスの供給元栓を閉め，被害もなかった．

その後，5月24日の避難指示の解除に伴い，各需要家へのガス供給が再開されている．伊達市の2団地については，幸い噴火位置とは逆の東側で，かつ距離も比較的遠かったので，被害はなく，安全確認の後供給が継続された．「かっこう台団地」のガス特定製造所では，「室蘭ガス」の担当者が避難指示のあるまで，監視体制をとり，いつでもガス元栓を閉められる体制にあった[6]．これらの対応も，火山情報に対して，事業者が真摯に耳を傾ける姿勢があった結果と言えよう．

それでは，有珠山噴火に際して，「北海道電力」の関係発電所と送電系統がどのように展開したか，記録を元に整理してみたい．

3月28日に室蘭地方気象台から火山観測情報，臨時火山情報が発表されて，3月28日12時に「北海道電力」の非常災害対策室蘭支部は警戒態勢を発令し，これに基づき，すでに，送電線の設備被災を想定し，これに伴う供給支障防止から系統対策をとることとし，3月29日5時を最初とする系統切替を実施した．これらの系統切替によって，噴火直前の発電所系統は，伊達発電所から長和線により伊達変電所へ，伊達変電所から長流線により壮瞥発電所，洞爺発電所，久保内発電所のみを連系供給している状態であった[7]．

3月29日，火山活動の活発化により，伊達発電所（重油火力，350MW×2台），蛇田発電所（水力，6.5MW×3台）ならびに洞爺発電所（水力5.5MW）の停止を余儀なくされた．

これに伴い，音別発電所（ガスタービン，74MW×2台）を起動するとともに同日14時35分から融通電力（随時応援）の受電を開始した．また音別発電所燃料供給体制を強化するとともに，定期点検中の苫東厚真発電所1号機（石炭火力，350MW）の試運転工程を見直し，早期並列を図ることなどによって供給力を確保した．

その結果，4月2日3時00分に融通電力の受電を終了した[8]．

以上の経過から明らかなように，有珠山噴火に際して，「北海道電力」は

電気事業者として可能な対応，発電所の停止，送電系統の切り替え，臨時の電源起動，他社からの融通電力の受電等を随時行なっている．その意味で，有珠山噴火に対応する基本的仕組みが「北海道電力」に備わっていたことになる．もちろん，次の噴火がどこで，どれくらいの規模と内容で起きるかは未知のことであって，想定されるハザードマップにしたがって，より緻密な対応を検討する必要があることは言うまでもない．こうした対応を検討するに当たって，「北海道電力」は洞爺湖と有珠山を抱えるこの地域特有の利害関係，とりわけ洞爺湖の水利関係について周辺自治体と調整しておかなければならない立場にあった．洞爺湖を囲む3町村（虻田町，壮瞥町，洞爺村）では，昭和50年より洞爺湖の水位安定と湖周辺の環境整備等を目的に「洞爺環境保全対策協議会」を構成しており，「北海道電力」との間で洞爺湖の許可水位とは別に利用水深についても協議してきた経緯があった．その延長で，今回の有珠山噴火に際しても，「北海道電力」は次のような対応をしている．

a. 噴火後の4月6日に「洞爺湖水位上昇，水力発電所取水中止で津波被害の危険増す」との新聞報道により，洞爺湖温泉地区の対岸に位置する洞爺村より水位の低下対策を求める要請がなされた．「北電」としては，洞爺湖の水位抑制対策として長流川から洞爺発電所への流入を停止し，壮瞥発電所の継続運転を行うことを洞爺村へ説明し理解を得た．

b. 洞爺湖周辺の農家においては，水田等の灌漑用水を洞爺湖から取水していたが，今回の噴火活動による地盤隆起によって灌漑取水口が水面より上部に位置することとなったため取水不能な状況になり，壮瞥町を通じて洞爺湖水位の上昇対策を求める要請がなされた．「北電」としては，洞爺湖の水位抑制を行なっていたことから，関係者と協議のうえ灌漑時期（5月から8月いっぱいまで）取水可能なレベルで運用することで調整して理解を得た．

c. 壮瞥町の長流川流域の水田農家では，洞爺発電所導水路および長流川洪水取入所水路を利用して灌漑期に灌漑用水を取水しているが，洞爺湖

の水位抑制策として両設備の取水を中止したため取水不能な状況となり，農家より取水可能対策を要請された．「北電」としては，緊急工事を実施し水路内に土嚢を積み灌漑用水の取水が可能となる措置を講じた．

d. 噴火後，噴火口に近い虻田発電所は避難区域となったため，3月29日に運転を停止，また，洞爺湖の水位抑制のため湖へ長流川の河川水を流入している洞爺発電所は同じく30日に運転を取りやめた．この結果，壮瞥発電所および壮瞥滝が洞爺湖より流出する唯一の設備となった．雨水や融雪水の流入により洞爺湖の水位が上昇傾向にあるため，「北電」と河川管理者である北海道土木現業所は，水位の抑制を目的とした壮瞥発電所のフル運転と壮瞥滝の放流増について地元である壮瞥町と協議し，放流増に伴う壮瞥川の安全対策を図りながら実施した．

e. 噴火による地盤上昇は，洞爺湖周囲の船着き場にも影響が生じ，避難解除に伴って営業を再開した遊覧船や貸しボート業者より，湖の水位上昇を求める声が起こった．「北電」は「洞爺湖環境保全対策協議会」と協議し，協議会より各業者へ水位の状況を説明して理解を求めた．

f. 洞爺湖の水位抑制対策として洞爺発電所および長流川洪水取入所を停止した．これにより長流川の水量が増加し，さらに，4月の降水量が平年の3倍になる（特に4月22日は99mmの記録的大雨）など，長流川が異常出水に見舞われた．長流川河口付近を漁場としている伊達漁協では，この大雨に伴う上流からの流木による漁網被害が生じた．このため，伊達漁協と対応して今後の河川水増加時の通報体制を協議し了解を得られた．

以上，主に洞爺湖の水位に関わって，「北電」が洞爺湖周辺の自治体や業者，農家，漁家と利害調整を図ってきた経過をまとめてみた．このほか，温泉街復興のために設置された仮下水処理に伴って生じた虻田発電所の導水路利用の問題もあったが，ここでは，もっぱら，洞爺湖の水位に直接関わるものを列挙した[9]．

このような経過からも明らかなように，「北海道電力」は有珠山噴火やそ

の後の復旧活動を遂行する場合に，洞爺湖周辺の自治体や業者・住民と密接な連絡をとり，その利害を微妙に調整しながら進めなければならない立場にあった．しかも，時として，相反する要請（一方は水位を上げよといい，他方は下げよという）も調整しなければならない場面に遭遇している．それゆえ，「北電」の事業活動については，地元の自治体や住民の十分な理解を常日頃より得ることが大事なことになっている．この点は，自治体サイドからも言えることであり，災害など緊急時における協力体制を円滑に構築するためにも，日常的な信頼関係を作り上げる努力をお互いに積み重ねる必要がある．

有珠山噴火と停電事故

　噴火災害や地震災害による被害が電気関係設備に及ぶことによって引き起こされる事故の直接的現象は停電事故である．有珠山噴火が原因と見られる停電戸数は4月10日の最大時2,612戸に及んでいる（図3-1参照）．3月31日に最初の噴火が西山にて観測されて以降，4月1日金比羅山，4月3日金比羅山中腹という具合に有珠山噴火は噴火場所を変化させながら，断続的に起こっているが，噴火やそれに伴う地震が直接原因となる停電であれば，3

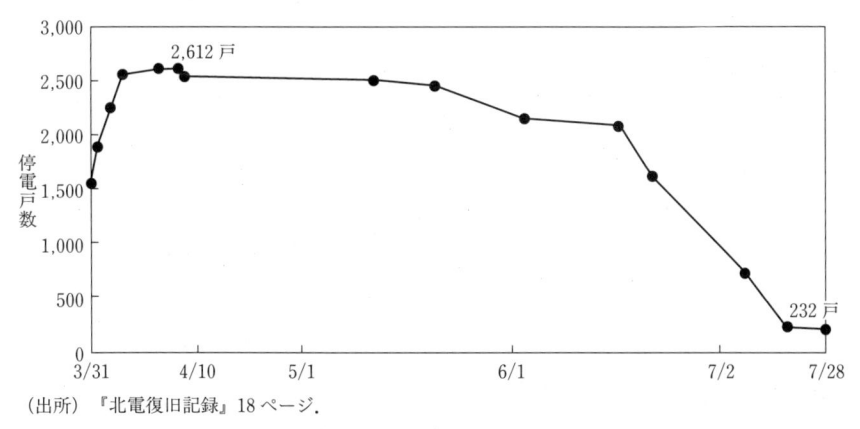

(出所)『北電復旧記録』18ページ．

図3-1　停電戸数の推移

日頃に停電戸数が最大になりそうなものである．しかし，実際には4月10日に停電戸数最大となった．この理由は，噴火後も送電されていた洞爺湖温泉町の一部に対して，地殻変動，泥流，噴石等による2次被害が想定されたことから，「北海道電力」が4月5日送電を中止したこと，さらに，4月10日，実際に大雨による泥流が発生し，停電戸数が増加したことによるものである．この送電中止について「北海道電力」は次のように記述している（図3-1参照）．

　3月31日の噴火以降，噴石・泥流によるものと思われる配電線事故が発生する中，それまで送電を継続してきた洞爺湖温泉町の一部において泥流等による2次災害の発生が予想されたことから，4月5日21時45分に308戸の送電を中止した．
　予防停電については，過去の災害で例のないことであり，実施にあたっては事前に自治体・各避難施設利用者，高圧契約のお客様への説明を行ったが，商店経営者等から冷凍冷蔵庫等の食品に対する補償などについて説明を求められるなど，対応に苦慮した．
　また，高圧契約のお客様への周知については，主にホテル関係であったが，経営者も避難していたことから，連絡先の確認に手間取った[10]．

ここに指摘した電力会社による停電措置を，「北海道電力」は「予防停電」と呼んでいる．「予防停電」には2つの意味合いがあると考えられる．1つは，送電・配電を継続している中で，火山被害を受けることを未然に「予防」するという意味，いま1つは，需要家自身も避難したりして，需要家の状態およびそれに至る経路上の状況が確認できないまま送電することの危険をあらかじめ回避するという意味である（阪神・淡路地震の際，現状を確認しないまま「関西電力」が送電を再開したことが火災の原因となった，との一部報道があったが，「関西電力」はこれを否定している）．いずれにしても，電力会社やガス会社は供給元から経路，そして最終の使用箇所全体について

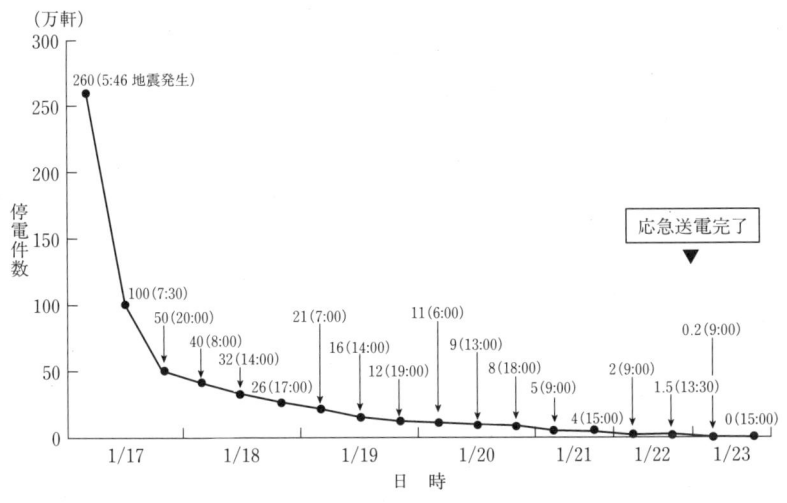

第3章 有珠山噴火とインフラ整備のあり方

図3-2 停電軒数の時間推移
（出所）『神戸復興誌』681ページ．

安全確認をしなければならない事業者であることはすでに強調した通りである．

　このように，電気・ガスなどの供給に当たっては，地震等によってその生産地点，供給経路および需要家の使用機器等に異常がないことを確認した上でなければ，再開することができない．1995年1月17日の阪神・淡路大震災に際して，大規模な停電やガス供給停止が発生した．図3-2の停電軒数の時間推移を見ると，地震発生時，17日5時46分で260万軒に達したが，7時30分には100万軒に減少，最終的には，損壊や留守等で送電を保留した家屋を除き，応急送電が完了したのが1月23日15時であった[11]．阪神・淡路地震の場合，最初の地震発生後，余震はなお残っていたものの，停電箇所の確認と送電ルート確保のための作業を他電力会社からの応援部隊の力を借りながら大規模に展開し得たところに早期復旧の条件があったと言える．しかし，有珠山噴火の場合，最初の噴火後も引き続き噴火の恐れがあり，泥流等の2次災害も想定されるなか，そもそも停電箇所それ自体が立ち入り禁止

区域となっていたことから，復旧作業が展開できない状況であった．停電規模自体は阪神・淡路地震によるものと比べてはるかに小規模でありながら，復旧に長期間要したのは，以上のような背景があった．

電力設備の被害状況

有珠山地域における電力設備の展開には立地上明瞭な特徴が指摘できる．すなわち，伊達火力発電所を別として，発電所群が長流川，洞爺湖，噴火湾という一体構造の内に緊密な連関の上に成り立っているという事実である．その状況を図式的に示すと図 3-3 のようになる．そして，これらの連動をコントロールする目安として役に立っているのが洞爺湖の水位である．有珠山は，この発電所群の中心部にあって，洞爺湖と噴火湾を境界づけるように位置しているのである．したがって，火山活動によって，ある１つの発電所が

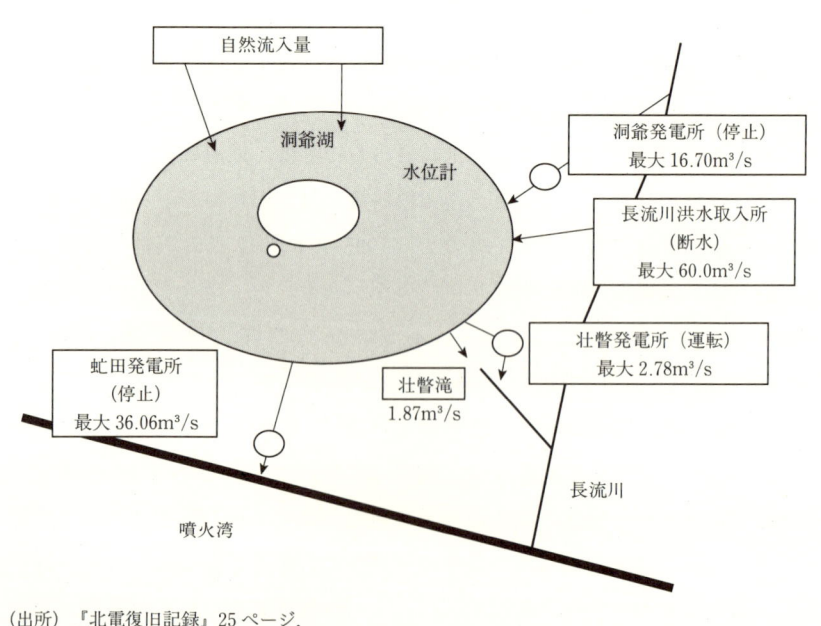

(出所)『北電復旧記録』25 ページ．

図 3-3　長流川水系模式図

第3章　有珠山噴火とインフラ整備のあり方

表 3-2　北海道電力の主な電力設備（有珠山地区）

	最大出力(kW)	最大使用水量(m³/s)	取水河川	放水河川
久保内（自流・水路式）	7,200	7.50	長流川	長流川
洞爺（自流・水路式）	5,500	16.70	長流川	洞爺湖
壮瞥（貯水池・水路式）	500	2.78	洞爺湖	壮瞥川
虻田（貯水池・水路式）	19,500	36.06	洞爺湖	内浦湾
長流川洪水取入所＊		60.00	長流川	洞爺湖
伊達（石油火力）	350,000×2			

＊長流川洪水取入所は，虻田発電所の集水用設備である
（出所）『北電復旧記録』25ページ．

被害にあい，停止を余儀なくされることが直ちに他の発電所の運転に影響を与えるという関係にある．虻田発電所を停止することによって，洞爺発電所を停止したり，逆に壮瞥発電所のフル操業を要請されたりするのは，その顕著な事例である．

有珠山地域に展開する「北海道電力」の主な電力設備は表 3-2 の通りである[12]．

これらの発電所の被害状況と運転対応について，「北海道電力」は次のように記録している．

　　洞爺湖周辺の水力発電所 4 カ所の内，虻田発電所本館の一部ガラスブロック破損および内壁の一部に亀裂があったものの，小規模・軽度なものであった．その他各発電所には被害がなかった．

　　3月29日17時頃，有珠山周辺において震度5弱（気象庁発表）の地震が発生したことから，虻田電力所管内の各発電所における運用について検討した．

　　その結果，虻田発電所は有珠山近傍に位置しており，万一運転中に大規模な噴火および地震等によって設備が損壊した場合には，虻田町市街およびJR・国道など公衆災害の発生する恐れがあるため虻田発電所の運転を停止した．

　　また，虻田発電所を停止したことにより，洞爺湖水位の上昇を抑制す

るため洞爺発電所および長流川洪水取入所の取水停止を行った[13]．

　有珠山周辺を経過している送電線路においては，架空送電線13線路のうち，有珠山の火山活動による地殻変動によって1線路が設備被害を受けた．すなわち，66kV有珠線，虻田発電所—伊達変電所間の支持物53基のうち，虻田町市街地に近い鉄塔1基が地殻変動によって一部部材が変形し，傾斜したが，電気事故にはいたらなかった[14]．

　以上のように，洞爺湖周辺の水力発電所群は運転それ自体に直接支障を来すような災害を幸いにも被ることはなかった．しかし，十分な安全確認の必要とその後起き得る万一の事態を想定すると，虻田発電所を停止せざるを得ないと判断した．その結果，洞爺湖の水位を抑止するために，洞爺発電所を停止し，同時に，長流川洪水取入所の取水も停止するという措置を連動させることになった．すでに述べたように，一施設の措置が他の施設に影響を及ぼすという連関性を明瞭に示すところとなったのである．

配電設備の被害について

　発電所が立地する場所は限られており，その設備被害の確認も，噴火の直接被害が継続的に発生していない限りは，速やかに行なうことが可能である．しかしながら，配電設備については，必ずしも同じ対応がとれない．配電設備がより需要家に近い設備であり，有珠山噴火の場合，加えて，配電設備の展開する地域が危険な立入禁止区域となり，住民も避難を余儀なくされていたからである．地震だけの場合は，地震がおさまり次第，現場に復旧員がかけつけることが可能なケースが多く，阪神・淡路大震災のような大規模な被災を受ける中でも，「関西電力」が復旧に向けた迅速な対応をしている．噴火災害の場合，噴火活動が続いている限り，復旧員自身が現場に入れない事態が続くのである．そのため，有珠山噴火に際して，「北海道電力」はヘリコプター巡視を含めた，遠隔確認をせざるを得ない状況となる．噴火直後の配電設備被害状況について次のように報告されている．

第3章 有珠山噴火とインフラ整備のあり方

　3月31日の噴火に伴い，立ち入り規制（避難指示・勧告・自主避難）となった区域には4電気所12フィーダがある．このうち，供給支障事故は6フィーダで発生した．噴火直後に停電したF虻田11については，後日のヘリコプター巡視の結果，配電線路が噴火口の横を通過しており，火山灰などに埋没していることが確認された．その後も新たな噴火口の出現や火砕流などに伴って事故停電範囲が拡大した．
　復旧は立ち入り規制区域の一部緩和にあわせ，点検・工事が可能となった地域から順次実施した[15]．

　配電設備の被害について，「北海道電力」はこのように述べている．有珠山噴火によって死傷者こそ出すことはなかったが，避難した住民は16,000人にも及び，避難住民が元の居住地に帰り，安寧の平常生活に戻るには，なお時間が必要であった．そのような状況の中でも，再開されるであろう復旧後の平常生活が可能となるためにも，電気インフラは最も復旧が急がれるインフラの1つであった．阪神・淡路大震災に際して，「関西電力」では，5日以内に被災地全域において重要施設および生活用電力の応急送電を完了するという復旧目標が設定され，次のような方針が定められた．

○重要施設（病院，避難所，役所など）への緊急送電，被災者への応急送電を最優先する．
○応急送電に必要な工事量を最小限とし，最大限の要員，工事車両を投入する．
○設備安全，作業安全，電気安全を徹底し2次災害を防止する．

　そして，この復旧作業には，「関西電力」，他電力会社あわせてピーク時の21日には4,700名の要員が投入された．また，復旧用車両は2,000台を超えた[16]．それでも，配電線の復旧は困難を極め，道路事情の悪化，家屋の倒壊，不在家屋の状況確認等の時間を要し，全戸への応急送電の完了は平成7年1

月23日午後3時となったのはすでに見た通りである[17].

有珠山噴火に際しての「北海道電力」の復旧作業も基本的には「関西電力」と同様の体制がとられた．ただし，先述のように，火山活動が，なお継続している期間の復旧は，状況確認さえままならない状態であるから，復旧活動はそれ以後になったのは当然であり，それだけ時間を要する作業となった．3月28日に警戒態勢が発令され，9月29日の警戒態勢解除に至るまで，「北海道電力」全社の復旧対策動員数（関連業界含む）は延べ20,944名にのぼっている[18].

3. 復興に向けた復旧活動

地震・噴火災害による被災地域におけるインフラを復旧する問題は単純ではない．つまり，設備を元の状態に戻すという意味でだけならば，復旧活動が可能な状況となれば，あとは時間，人，資金が投入されさえすれば，問題は基本的に解決していると言える．しかし，地震・噴火災害，特に噴火災害の場合，一定の時間がたてば，ふたたび火山活動が活発となる時期が到来し，その被害が想定されるから，元の状態に戻るのは一過性の措置に止まることになる．真の意味で復旧と言えるためには，同様の火山活動が起きても，被害が最小限度に止まるような措置を講じることでなければならない．

有珠山地域において，このような意味で復旧問題の焦点になったのは，地域ゾーニングである．詳しい議論は他の研究に譲りたいが，インフラの復旧問題との関係で若干コメントしておきたい[19].

まず第1に，有珠山地域は火山活動地域であり，将来的にもかなりの高い確率をもって噴火とその被害が想定され，それを前提としてインフラ整備をする必要があるということである．たとえば，国道230号線や道央自動車道のような幹線道路が有珠山の間近に建設される是非を考える必要がある．少なくとも，道路のような移動ルートは，有珠山の火山活動被害が想定されるものと，それを基本的に避け得るルートの複線ルートで考えられる必要があ

第3章 有珠山噴火とインフラ整備のあり方

ろう．

第2に，したがって，発電所等の施設が有珠山地域において基幹電源として配置されることは望ましくない．また，これらの地域のネットが全体ネットから切り離せるシステム構築も必要となる．現状のシステムも基本的にはこの状態にある．

以上，インフラ復旧の基本的考え方を整理した．しかし，この考え方は，いわば「長期的」な観点からのそれであって，実際の復旧活動は，むしろ原状復帰型の「短期的」な観点からのものにならざるを得ないのが実状であろう．「北海道電力」が有珠山噴火からの復旧活動をどのように実施していたか，時系列的に振り返ると，次のようになる．

平成12年3月28日（火）02時50分，室蘭気象台発表の「臨時火山情報第1号」が室蘭支店電力部系統運用グループ経由で総務部総務グループへ情報伝達された．その後，臨時火山情報2-3号の「前回の昭和52-3年の噴火以来の活発な地震活動であり，有珠山の最近400年間の活動では地震活動が次第に活発化した後，1日ないし数日の間に噴火した例が多く，今後噴火する可能性があり，火山活動に警戒が必要である．」（要約）との情報を受け，室蘭支店の非常災害対策室室蘭支部事務局長（総務部長）が同日12時00分に「警戒態勢」を発令した．

噴火の前に警戒態勢に入ったことにより，各班では噴火災害を想定した系統切替対応，発電機車の応援手配やヘリ要請，関連業界への待機要請，防塵マスク・ゴーグル発注等々の災害復旧対応事前準備を迅速に取り進めることができた．この際，「有珠山火山防災マップ」掲載のハザードマップに送電系統図を重ね合わせて作成した資料が非常に役立った．

★「緊急火山情報第1号」3月29日（水）11時10分

平成12年3月31日13時10分頃の有珠山噴火に伴い，非常災害対策室室蘭支部長（支店長）は同日13時15分に「1号非常態勢」を発令し，同日17

時30分に非常災害対策本部(本店)は「警戒態勢」を発令した.

3月28日の「警戒態勢」,31日の「1号非常態勢」の発令後,8月8日に「警戒態勢」に移行し,9月29日の「警戒態勢」の解除まで,約6カ月に及んだ全社の復旧対策動員数は延べ20,944名にのぼった.

政府は3月31日14時30分,「平成12年(2000年)有珠山噴火非常災害対策本部(本部長:国土庁長官)」を国土庁内に設置するとともに,伊達市に「有珠山噴火非常災害現地対策本部(本部長:国土総括政務次官)」を設置した.

有珠山の火山活動の活発化に伴い,3月29日に第1回の「有珠山現地連絡調整会議」が開催され,北電は指定公共機関として第3回から参画している(3月31日まで6回開催).その後,3月31日の噴火に伴い,有珠山噴火非常災害現地対策本部が設置され,現地対策合同会議へと変遷した.合同会議は,現地対策本部が解散となった,8月11日までの間に61回開催され,常時2名程度を派遣してタイムリーな情報の収集・提供を実施した[20].

★発電機車の配備

表3-3に示されているように,発電機車は,噴火に合わせて12台を1市,1町,2村に配備した[21].発電機車は,停電時に速やかに送電できる体制をとるため配備されるものであるが,国の現地対策本部(伊達市役所内)や壮瞥町役場,虻田町の災害対策事務所などにまず接続された.その他,病院や避難所などの重要施設には万一の停電に備えて待機する形であった.また,大容量の発電機車を洞爺発電所や久保内発電所に待機させ,比較的大規模な停電事故に備える体制にあった.大容量発電機車を含めると都合17台の発電機車が配備されたことになる.都市ガス事業の場合,この種の設備の代わりとしてボンベによるLPガス供給が行なわれることになるし,断水時の給水車の機能が発電機車の機能ということになる.

表 3-3　移動発電機車の配置状況

(平成 12 年 4 月 4 日現在)

保有箇所	運行管理箇所	仕様・定格	待機場所	供給可能戸数等
旭 川 支 店	室蘭支店 電力部発変電 グループ	1,250kVA，6.6kV	洞爺発電所	洞爺村方面の避難場所地域を中心に約 300 戸程度
旭 川 支 店		2,000kVA，6.6kV	双葉開閉所	豊浦町方面及び伊達市方面の避難場所地域を中心に約 500 戸程度
札 幌 支 店		4,500kVA，6.6kV	久保内発電所	壮瞥町方面の避難場所地域を中心に約 1200 戸程度
釧 路 支 店		1,250kVA，6.6kV	電力部	配電線被災状況により配置を決定（約 300 戸程度）
釧 路 支 店		2,000kVA，6.6kV	室蘭電力所	配電線被災状況により配置を決定（約 500 戸程度）
室 蘭 支 店	室蘭支店 営業部配電 グループ	625kVA，6.6kV	伊達市役所	伊達市役所庁舎への供給
苫小牧支店		250kVA，6.6kV	伊達市内 (旧伊達営業所)	伊達市の避難場所地域を中心に約 60 戸程度
旭 川 支 店		250kVA，6.6kV	〃	伊達市の避難場所地域を中心に約 60 戸程度
帯 広 支 店		250kVA，6.6kV	〃	伊達市の避難場所地域を中心に約 60 戸程度
苫小牧支店		250kVA，6.6kV	豊浦町社会館	仮設虻田町役場庁舎への供給
札 幌 支 店		250kVA，6.6kV	豊浦町役場	豊浦町役場庁舎への供給
岩見沢支店		250kVA，6.6kV	豊浦町亮昌寺	豊浦町の避難場所地域を中心に約 60 戸程度
函 館 支 店		625kVA，6.6kV	豊浦町(日野電気)	豊浦町の避難場所地域を中心に約 160 戸程度
札 幌 支 店		低圧 75kVA	洞爺村役場	洞爺村庁舎への供給
小 樽 支 店		625kVA，6.6kV	洞爺村直近	洞爺村の避難場所地域を中心に約 160 戸程度
札 幌 支 店		低圧 75kVA	壮瞥町役場	壮瞥町役場庁舎への供給
岩見沢支店		250kVA，6.6kV	大滝村役場	久保内・大滝方面の避難場所を中心に約 60 戸程度

(出所)　『北電復旧記録』82 ページ．
(1)　大容量発電機車については電気所単位あるいは回線単位での供給支障事故を想定し，柔軟かつ迅速に活用し供給力確保を図るべく配置した．
(2)　小容量発電機車については避難場所および各町村災害対策本部の供給力確保を目的とし，洞爺湖周辺主要地点に配置した．

4. 今後の復旧対策への教訓

　以上は,「北海道電力」室蘭支店が中心となってまとめた『北電復旧記録』に主によりながら,インフラとしての電気設備の被害およびその復旧活動を整理したものである.2002年3月に「北電」室蘭支店を訪問し,当時,対応の主力部隊として活動していた総務部の高橋副長,酒井課長からお話をうかがった点を含めて,まだまだ記すべき点は多いが,最後に,今後の教訓として確認すべき点をいくつか,指摘して本章の締めくくりとしたい.

　1) 有珠山のように,かなりの確率の高さで噴火が想定される地域における災害対策は,システムそのものを災害想定の仕組みとして構築しなければならない.

　「北海道電力」の場合,従来,災害を想定した対策マニュアルそのものは存在したが,火山噴火を想定したものではなく,より一般的なマニュアルとなっていた.

　現在,有珠噴火あるいは雲仙普賢岳噴火の経験を新しいマニュアルに活かすことで作業が進んでいる,とのことである.また,送電,配電施設が火山灰などによって,どのような影響を受けるかについて,地道な研究活動が行なわれており,噴火災害から直ちに学ぼうとする姿勢が確認できる[22].

　2) 有珠山のハザードマップをベースにして,各種の被害想定に基づく警戒・復旧プログラムを策定する必要がある.

　「北電」も,ハザードマップの存在が自分達の対策策定上有効であったことを確認しているが,同時に「北電」の経験をハザードマップなど災害対策策定に活かすことが必要であろう.とりわけ,洞爺湖,長流川に関わる複雑な水利関係のなかで「北電」が果たす役割は極めて重要であり,1民間企業という立場を超えた,地域に責任をもつ公益企業として今まで以上の努力を求められよう.

　3) 情報の発信および対応の窓口を一本化あるいは統一することである.

この関わりでは，いくつか問題がある．

　国の現地災害対策本部，道の災害対策本部，市町村の対策本部という行政レベルの指揮系統をどうするかという問題は地域住民に対する公共側の意思決定と伝達機構の在り方に関わっている．ポイントは，ハザードマップ策定の経過と同じように，科学者の判断を行政が真摯に受け止め，それを住民に正確に伝える筋道を確保しておくということであろう．そこに，行政の思惑や政治的な判断が入り込まないシンプルなシステムにしておくことが迅速な政策と方針を打ち出す保証となる．

　「北電」本社，「北電」室蘭支店という会社内での指揮系統についていえば，たとえば，虻田電力所に対して本店などから直接問い合わせが行なわれ，現場での対応に苦慮するということが多々あった．また，支部（支店）と本部（本店）の調整事項・決定事項が，本店主管内で了解されていない場合があった．

　洞爺湖の水位についてのデータ（元データ）は同じであるが，「北電」の系統，発電，土木というそれぞれの部門が独自のフォーマット様式を作成し，同じ様な情報を流し，ムダであった．

　これらの指揮系統については，災害時に急に作り出すことは困難であり，平常時よりそのマニュアルを作り上げておく必要があることは言うまでもない．

　4) 移動発電機車（配電主管）の配置や増配置が円滑にいかない，という事態の背景には，高圧発電機車（625kW）の移動に必要な大型車両運転資格者が不足していたため，社員のやりくりに苦労したという事情があった，とされている．また，支店が異なると，無線交信が不能となる移動発電機車の無線システム上の問題もあった．

　これらは，機器管理のシステムが緊急時対応となっていないことに起因する．通常は，これらの機器が1つの支店管内での対応を基本としているためである．今後はマルチ化を追求し，様々な機器がどの管内においても活用できる体制を整える必要がある．

5）現場事業所の避難先として札幌支店の「望岳荘」を現場から願い出たが，札幌支店はこれを断った，ということがある．

有珠山噴火の対応のため現地で奮闘している社員を全体で支えるという雰囲気が必ずしも十分でなかったということの1つの証左であり，残念なことであった．

以上，有珠山噴火災害とその復旧活動における「北海道電力」の経験を中心に災害に強いインフラ整備の在り方について若干の考察を行なった．本章では，検討できなかった他の導管・導線によるインフラ事業，たとえばガス事業，上下水道事業そして電話・通信事業については改めて検討する機会をもちたい．また，同じく，有珠山・洞爺湖地域のように温泉事業が展開している地域にあっては，温泉供給システムが配管システムによるものであることの認識が筆者には十分でなく，洞爺湖温泉利用協同組合事務局長四宮博氏の論考に触れて，初めてそのシステムの意味を理解し得た[23]．この点の検討についても他日を期したい．最後に，本章をまとめるに当たって，資料提供その他で多くの協力をいただいた方々，とりわけ，「北海道電力」室蘭支店の酒井和喜，外崎博史，桜本正明の各氏および札幌支店札幌東電力所の黒田昌彦氏に深く感謝申し上げたい．

注
1) 北海道新聞編『2000年有珠山噴火』北海道新聞，2002年，133ページ．
2) 北海道「2000年有珠山噴火災害復興計画基本方針」2001年3月，24ページ．
3) 伊達市「2000年有珠山噴火災害・伊達市防災まちづくり計画」2001年7月，17ページ，壮瞥町「平成12（2000）年有珠山噴火災害・壮瞥町復興計画」2001年7月，5，7，17ページ．
4) 虻田町『虻田町史・別巻——2000年有珠山噴火・その記録と教訓』2002年12月．
5) 北海道電力株式会社室蘭支店『2000年有珠山噴火復旧記録』2000年11月——以下『北電復旧記録』と略記，16ページ参照．
6) 「伊達ガス事業協同組合」（伊達市）にれのき団地，山下団地および虻田町かっこう台団地における聞き取りによる．

第3章　有珠山噴火とインフラ整備のあり方

7) 『北電復旧記録』13ページ．
8) 『北電復旧記録』14ページおよび16ページの表2-1を参照．
9) 『北電復旧記録』94-96ページ参照．
10) 『北電復旧記録』19ページ．
11) 神戸市『阪神・淡路大震災神戸復興誌』2000年1月，683ページ参照．
12) 『北電復旧記録』25ページ参照．
13) 前掲書．
14) 前掲書，29ページ．
15) 前掲書，25-35ページ参照．
16) 『神戸復興誌』681-682ページ参照．
17) 総理府『阪神・淡路大震災復興誌』2000年6月，178ページ．
18) 『北電復旧記録』47ページ参照．
19) 北倉公彦「有珠山噴火災害復興計画におけるCゾーン設定の経過と残された課題」北海学園大学『開発論集』第71号，2003年3月参照．なお、ここに紹介する北倉氏の論考を含め、有珠山噴火に伴う被災地の災害実態とその復興計画に関しては、小田清を研究代表者とする「平成13〜14年度　科学研究費補助金〈基盤研究(B)(2)〉」による研究成果報告書「北海道・有珠山噴火に伴う被災地の災害実態とその復興計画に関する総合研究」2003年6月に収められた14篇の論考と資料を参照されたい．
20) 『北電復旧記録』43-48ページ参照．
21) 『北電復旧記録』67ページ．
22) 「北電総研ニュース」第52号，2000年10月．
23) 四宮博「2000年有珠山噴火災害における洞爺湖温泉供給施設の復旧対策について」洞爺湖温泉利用協同組合，2003年1月．

第4章
電力自由化の基本問題

1. アメリカ北東部大停電事故

　2003年8月14日14時ごろに始まった送電線障害に端を発すると見られるアメリカ東部における大停電事故は，16日までにはほぼ回復したものの，同地域に住むおよそ5,000万人に影響を与え，産業，生活上の被害は計り知れないものとなった．原因は，この地域における送電線設備の脆弱性にあったと見る見解が有力であるが，今なお定かとなっていない．事故発生当初，アメリカ，カナダ両国の側からお互いに相手側に原因があったとする「非難合戦」が行なわれ，罪のなすりあい的様相が見られたが，その後，8月20日に両国メンバーによる「合同調査団」が正式に発足し，原因究明に本格的に動き出すこととなった[1]．
　この事故をきっかけにして，当然のごとく「電力自由化」の見直し論が勢いづくことになる．自由化によって設備投資が遅れたことが原因であると自由化反対派が主張すれば，自由化推進派は，競争が本格化すれば設備投資は進む，と反論する[2]．自由化による競争が不十分だから設備投資が進まない，という論法は自由化によるマイナス効果が現れたとき，その原因は自由化の遅れにある，と主張する自由化論者の常套手段である．しかしながら，問題の本質は，なぜ電力設備，とりわけ送電設備の建設が自由化によって促進されないのか，それは電気事業のもつ産業特性と関わりがないのかどうか，そ

うしたこれまでの事実関係の解明にあるのであって，自由化が進めば投資拡大がなされるであろう，という将来の理論的可能性の解明ではないのである．

こうした点については，すでに，「発電や送電の設備を十分に確保することが，信頼度を維持していく上での，また競争を有効に機能させるための必要条件であること，市場メカニズムに委ねるだけでは十分な設備形成は図られないこと，また，設備形成を図っていくためには計画的要素を取り入れるべき」であると指摘されている．もっとも，これを具体的にどのように行なうか，「計画・規制と価格メカニズムをどのように組み合わせるべきか」については，研究者レベルでも十分解明されていないとも指摘されており[3]，課題としてわれわれに課せられていると言える．

本章は，この課題に答えるべく準備される論考の一部として，電力自由化の基本問題について筆者なりに整理を行ない，後の論考への導入を試みるものである．

2. 電力事業の規制緩和と自由化

(1) 電力自由化の意味

80年代以降の世界経済はおしなべて「規制緩和」「自由化」「民営化」の波にもまれてきた．わが国においても，3公社の民営化と通信事業の自由化あるいは航空業における新規参入の実現など，いわゆる「護送船団方式」「カルテル体質」などと批判されてきた日本の産業構造に大きな変化が現れ始めている．

こうした流れの中に電力自由化もある．これまで自由化が進んできた諸産業と電力事業の間には被規制産業として独占的支配にまつわるいくつかの共通点があるが，また異質性もある．異質性の最たるものは電力事業の「地域独占性」である．その成立経過はすでに第2章で見てきた通りであるが，現在10の地域独占事業会社が存在する．これまでは，それぞれの地域ではひとつの電力会社だけが営業を認められてきた．ここに，既存の電力会社以外

の者に電気事業を行なうことを認めるのが電力市場における自由化である．電力事業を発電・送電・配電部門に分け，それぞれの局面で自由化を考えることが可能であるが，ここでは，卸売り，小売りという側面から自由化を考えることにする．

わが国では，大枠で考えると，これまで基本的には2段階で電力自由化が実施されてきた．

1996年の卸電力入札制度の導入が電力事業の自由化の第一歩である．広く電源設備を有する企業などが発電する電力の全部または一部を継続的に電力会社に売却することを認めるのがこの制度の趣旨である．ただし，実際には製鉄会社，石油精製会社，セメント，紙パルプ会社など，すでに自家発電設備を持っているか，あるいは有利なエネルギー源を持っている企業のみの参入となった．高炉ガス，コークスガス，残渣油など工場副産物を燃料とする企業が多い．しかし，工場跡地を利用する形で新規に石炭火力発電所を立ち上げる「神戸製鋼所」（140万kW）のような例もある．このように，既存の電気事業者に電力の卸売りを行なう事業者を「独立電気事業者」（IPP）と呼ぶのが一般的であるが，後の特定規模電気事業者との区別を強調する意味で，「独立卸供給業者」とするのが分かりやすい．

既存の自家発をベースとする参入が中心となったことの評価は単純には行なえないが，参入した企業にとって，遊休設備の有効活用につながったことは間違いない．参入企業の中心に位置するのが，鉄鋼，石油，セメント，紙・パルプなど，いわゆる「素材型」あるいは「エネルギー多消費型」の産業企業であったが，その基本的背景にはこうした業種が長い不況の中で設備過剰に苦しんできたという事情があった．最近，合繊メーカー各社が相次いで電力販売に乗り出しているのも，消費低迷や低価格の輸入製品の流入をうけた国内生産の縮小・撤退に伴い，余剰電力を特定規模電気事業者（PPS）を通じて大規模病院やスーパーなどへ販売する必要に迫られたもので，鉄鋼業などと同様の事情によることがわかる[4]．

第2段階は，2000年の小売り電力（2万ボルト，2000kW以上の顧客）の

```
          ┌ 卸 電 気 事 業 者 ── 公営電気事業者，電源開発㈱，日本
    卸売り │                    原子力発電㈱
          └ 卸 供 給 事 業 者 ── いわゆる「独立電気事業者」IPP

          ┌ 特定規模電気事業者 ── 送電電圧2万V，契約電力2000
    小売り │                      kW以上に対応する新規電気事業者
          └ 特 定 電 気 事 業 ── 限られた供給地点に対する一般供給
                                  電気事業
```

図4-1　主要な発電企業

部分自由化である．

この段階では，一般電気事業，自家発，特定供給を除く電気事業者は図4-1のように類型化される．

これらのうち，前2者は卸売り自由化，後2者は小売り自由化に関わっている．ここで注目されるのは，一般電気事業者が自分の供給地域以外に供給することが認められるようになったことである．たとえば，愛知県内の工場だけで年間の電気料が400億円にも上る「トヨタ自動車」は，自由化に伴い「関西電力」に契約を打診したが，「中部電力」は料金を下げることによって「トヨタ自動車」を顧客として引き留めることになったという例[5]，あるいは，仙台市が管理する大型施設の電力供給契約をめぐって，「東京電力」と「東北電力」が争い，結局「東北電力」が落札した例がある[6]．今後，これまでの地域独占の境界を越えて既存電気事業者同士が顧客の獲得競争を行なう事態が想定されるのである．

しかしながら，電力自由化によってもっとも活発に事態が展開したのは，やはり特定規模電気事業分野であり，電力自由化の当面の中心分野もここにある．特定規模電気事業としては，「ダイヤモンドパワー」，「エネット」，「イーレックス」などが挙げられるが，これらの事業者は全国各地で既存電気事業者と競争する中で，相次いで顧客を獲得している．経済産業省庁舎への供給で「ダイヤモンドパワー」が落札し特定規模電気事業者の第1号となったが，同社は2000年度の落札以来3年連続で供給権を保持することになった[7]．その他，大阪府庁舎（エネット），鹿児島県庁舎（イーレックス）などである．もっとも，これらの電源として，新たに発電所が建設されるケ

ースは今のところ少なく，既存自家発などの余剰電力に依拠するものが多いのが実情である[8]．

特定電気事業としては，「諏訪エネルギーサービス」（コージェネ設備によって市内の病院等に供給），「尼崎ユーティリティサービス」（コージェネ設備によって市内の工場等に供給），「六本木エネルギーサービス」（コージェネ設備によって都市再開発地区の事務所，ホテル等に供給）が実施されるにとどまっている[9]．

なお，この特定電気事業との関連で，1980年代から漸次進められてきた特定供給の規制緩和に注目する必要がある．1995年の電気事業法改正までは，特定供給は，1）同一地方公共団体の他部門への供給，2）出資等により密接な関係を有する者に対する供給，3）コンビナートの構成会社相互間における供給，4）自社の社宅に対する供給，5）1つの建物の所有者が当該建物内の需要に応じて行なう供給という5類型に限定されていたが，法改正によって，このうち1），4），5）については，個別許可制を廃止して自由とされたのである．とりわけ，5）が自由とされたことが，その後，都市再開発事業の展開に伴って全国的に建設が進んだ大型ビル（群）に対するコージェネ設備の普及に拍車をかけることになった．この問題は，同時に，今ひとつの「公益事業」＝「熱供給事業」の展開と結びついており，電気，ガス，熱供給を有機的な関連において捉えなければならないことを示唆している[10]．

自由化された電力の供給システムを図式化すると図4-2のようになる．また，電力自由化のメリットといわれている点は次の点である．

消費者が電力会社を選べる

自由化後，実際に既存電力会社から新規企業に契約変更した実績は，自由化されている大口契約のうち，新規企業のシェアは0.7％（2002年12月時点）にとどまっている．また，大口電力と家庭用，小口では反応が異なる．ドイツは98年より全面自由化に進んでいる．しかし，需要家で供給者を変更したのは，小口2.1％，商業用3.6％，産業用10～15％にとどまる[11]．また，逆に，供給先を選べない，または選ばない顧客の扱いが従来の供給義務

```
                ←―発電―→ ←―流通―→ ←―小売り―→
```

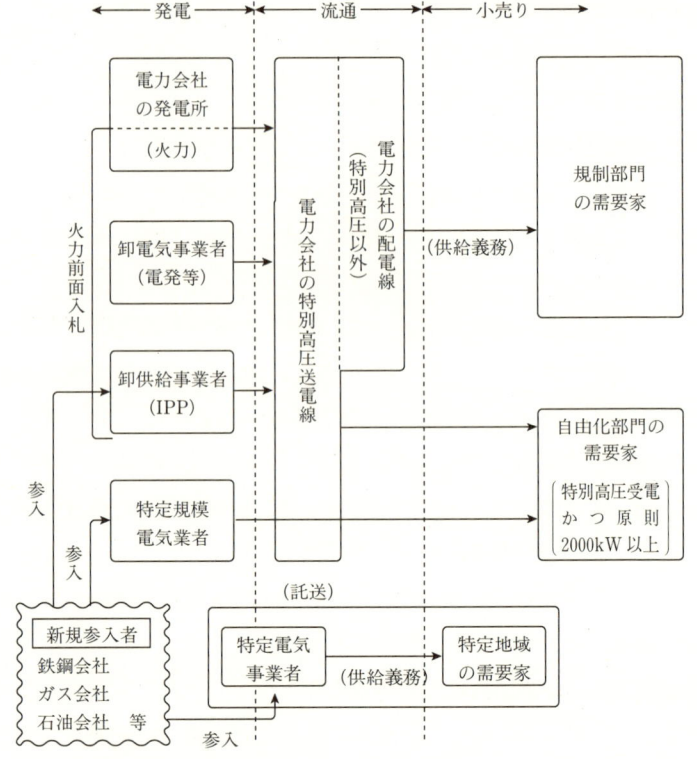

電力会社の発電所（火力）		規制部門の需要家
卸電気事業者（電発等）	電力会社の配電線（特別高圧以外）／電力会社の特別高圧送電線	（供給義務）
卸供給事業者（IPP）		自由化部門の需要家（特別高圧受電かつ原則2000kW以上）
特定規模電気業者		
新規参入者 鉄鋼会社 ガス会社 石油会社 等	特定電気事業者（供給義務）	特定地域の需要家

火力前面入札／参入／参入／（託送）／参入

(出所) 電力政策研究会著『図説 電力の小売自由化』エネルギーフォーラム，2000年3月，39ページ所収．

図4-2 新たな電力供給システムのイメージ

との関係で問題とならざるを得ない．

誰もが電力会社を起こせる

　外国電力会社も参入可能となる．しかし，その急先鋒と見られていた「エンロン」が倒産する事態となった．自由化によって料金低下が実現することが期待されているが，英国，カリフォルニアなど失敗の例から見て，過大な期待は禁物と思われる．さらに，コージェネ（熱電併給タイプ）のオンサイト電源が普及する条件が整い，自然エネルギー利用電源の開発可能性も高まる．

また，電力自由化のデメリットと言われている点は次の点である．

安定供給が損なわれる

その好例がカリフォルニアの停電問題である．また，競争のため，もっとも安い電源を求めることが，必然的に石炭火力に傾斜することになり，そのことが環境負荷の増大につながる恐れがある．イギリスやカリフォルニアでは天然ガス発電が急増したが，イギリスでは，もともと経過年数の長い旧式石炭火力が主流であったことから，これを天然ガス発電所に置き換えることが，コスト，環境両面から歓迎されることになったという事情がある．

原子力の位置づけが曖昧になる

世界中で原子力を基幹電源として考えているのは日本とフランスなど少数派である．

その日本でも，原子力のコスト優位を主張できなくなってきた．たとえば，「朝日新聞」2002年1月11日付では，電力業界が，国に対して原子力発電のコストについて公的支援を要請した，と報じられ，その背景に自由化が進展することに伴い，割高な原発を抱えている電力会社が競争上不利になる，との判断があるとされている．99年当時，政府のエネルギー調査会は原発推進のため，原子力発電の1kWhあたりのコストを5.9円とし，天然ガス6.4円，石炭6.5円，石油10.2円と比べて割安であると主張しており，電力会社もこれを支持してきた経緯があった．今回の支援要請はこうした論拠を自ら否定したことになる（アメリカやイギリスでは原発が割高であるとの認識は常識であり，特に経過年数の新しいものを所有する会社ほど不利である．1基当たり4,000億円と言われる，建設資金の償却期間の影響が大きい）．

(2) 送電部門と配電部門

電力事業の自由化が各国で進められてくる中で，電力事業を発電・送電・配電に分割し，また電力販売の形式を卸売と小売に分けて議論することが一般的になっている．そして，発電部門は自然独占性を喪失し，送・配電部門のみに自然独占性が残っているとの理解で電力システムを構築しようとする

のである．筆者は，こうした理解に対しては疑念を持つものであるが，以下，その意味を若干敷衍したい．

歴史的にみると，電力事業システムの発展は基本的には次のような経過をたどってきた[12]．

　　都市電気事業→遠距離送電電気事業→送電連系電気事業

ここで重要なのは，どの発展段階にある電力システムであれ，発電・送電・配電のための設備は物理的に接合された設備になっており，互いに影響を及ぼしあう有機的なネットワークとなっている点である．各設備を所有する主体が誰であろうと，各設備を異なる主体が所有することになっても，ネットワークシステムが総体としてコントロールされる必要がある点は，変わりがない．法形式的には発電・送電・配電部門を分割したとしても，そこを通過する電気財はその形式とは関わりなく1個の統合財としてネットワーク上を移動するのである．電気財は貯蔵ができず，生産と消費が同時同量であるという性質を有することから，こうした点は避けられないのである．電気財も普通の財と同じに扱えること，少なくとも，そのように想定されることが自由化を進める上で前提されることになるが，その前提が正しいかを，今一度考えてみる必要がある．その際，電気工学など自然科学系の専門家の発言にもっと耳を傾けるべきであろう[13]．

わが国の電力供給システムは50ヘルツ地域（東日本）と60ヘルツ地域（西日本）が並存するシステムとなっている．その遠因は，「東京電燈㈱」が浅草に集中火力発電所を建設する際，ドイツ・アルゲマイネAEG社製50ヘルツ発電機を導入したこと（1895年），また，「大阪電燈㈱」がアメリカ・GE社製60ヘルツ発電機を導入したこと（1897年）にある．その後，日本各地に電灯会社が設立されてくるが，それぞれの電灯会社は，最初から規格を統一していたわけではない．併合・統合を繰り返すなかで，順次支配企業の規格にあわせるうちに，事実上60ヘルツ地域と50ヘルツ地域が形成されていったものである．さして広大とは言えないわが国に両システムが並存す

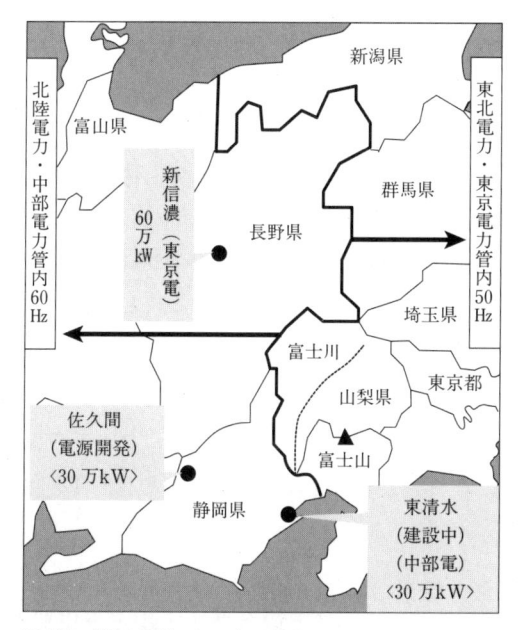

第4章 電力自由化の基本問題　　93

(出所)「朝日新聞」2003年7月16日.
図4-3　周波数の境界と周波数変換所の配置

ることの不便さを解消すべきとの意見は少なからず存在する．しかし，いまだ統一には至っていない．その理由は，それぞれの地域で構築されたシステムは部分的な変更が行なえるものではなく，全システムを一括して変更する必要があり，コスト的にも技術的にも困難だからである（図4-3）．

結局，これまでのところ両地域をつなぐ設備として2カ所のサイクル変換所を設け，電力システムの全国的連系を保っている状態である．すなわち，佐久間サイクル変換所（30万kW），新信濃変電所（60万kW）の両施設によって合計90万kWが変換可能となっている．原子炉格納容器の損傷隠しに端を発した原発停止によって夏場の電力供給力不足と停電可能性が指摘された「東京電力」のために，西日本地域から電力を融通することが緊急の課題となり，これを契機ににわかに脚光を浴びる形となった50，60ヘルツ問題であるが，実は，この問題が電力システムの基本問題を示している点で注

目したい.現在,静岡県で「中部電力」が新たにサイクル変換所を建設中(ほとんど完成)であるが,地元の反対で使用できるに至っていない[14].

　80年代に自由化論が台頭してきた際,その論拠として電気事業における規模の経済の喪失,とりわけ発電部門におけるそれが指摘されていたのは当然であった.現状では,発電ユニットの容量がほぼ100万kWで頭打ち状態になっており,規模拡大そのものが技術的にも限界に達しているのではないか,という判断を正当化していたからである.ところが,送電分野における投資の埋没性については特段議論されることがなく,こちらは送電ネットワークの自然独占性は残るという形で議論の正当性が主張されることになる.電力事業のシステム特性から考えた場合,発電についての規模の経済を考慮すること以上に,こうした電力システム総体にもっと目を向けるべきであろう.

3. ネットワーク・ビジネスと複合型エネルギー供給問題

(1) 複合型エネルギー供給システム

　エネルギー産業における規制緩和の実態を電気・ガス・石油といった個別産業毎の制度改革あるいは条件整備といった観点から見ていくならば,それぞれの産業の置かれている事情を反映した特殊性がそれなりに把握できよう.電気事業について言えば,ひとつには大口電力を中心とした卸電力の入札制度を手始めとして,さらに,特定規模電気事業を設定することによって,大口電力の自由化を前進させることであり,今ひとつには特定供給制度の条件緩和あるいは特定電気事業者制度の創設によって小売部門において供給義務を伴うタイプの自由化に着手しようとする点に最大の特殊性を見て取れる.また,これらの措置に付随して送電線の開放あるいは託送という問題が生じている点も大きな特徴である.もっとも,これらの自由化は基本的には発電部門における新規参入の条件を拡大することにその本質的狙いがあるのであって,一般家庭を中心とした小口の需要家が供給者を自由に選択するという

第4章　電力自由化の基本問題

道を直接あるいは差し迫ったものとして意識しているわけではない。後者の問題は，電気財を最終的に私的な市場財として生産・供給することが社会経済的にふさわしいのかどうかということにつながっていく問題である。

　エネルギー供給において，一般的な市場財と同様に，価格指標をベースに需給が調整されると考えられているのは，石油やプロパンガスである。したがって，これらのエネルギーは，供給者と消費者との間の競争とそれぞれの内部における競争によって市場行動が展開するものと見られている。電気やガスと異なって，独占禁止法上の適用対象となっているのも同じ考え方からきている。もっとも，そうはいっても，石油やプロパンガス供給が消費者にとって必需性のきわめて高い基本財であることは言うまでもない。また，火災や爆発など，危険性の高い財であることもあり，各種の規制対象となってきた事実もある。それゆえ，石油やプロパンガスを電気，ガスと一緒に「エネルギー産業」としてくくることによって同列に議論することも多い。電気・ガスの自由化は，以上のような石油・プロパンガスといった市場系のエネルギーと電気・ガスというネットワーク型のエネルギーとの境界を取り払う試みという側面を持つことになる。しかしながら，法的な枠組みをどのように作り出そうとも，本来ある両者の物理的な枠組みを変更することができないところに問題の困難さがあるように思われる。

　現在進行している自由化は，従来事業法などによってその活動範囲をお互いに囲い込んできた電気事業やガス事業が場合によっては相互に相手の領域に進出していくことを可能にする措置でもある。すでに，自由化の初期段階とはいえ，電気事業者がガス供給に従事しようとする事例や，逆にガス事業者が電気事業に進出する例が全国的に見られる。とりわけ，後者についてはコージェネによる効率的エネルギー供給が叫ばれてきた80年代から着実に拡大してきた傾向ではあったが，90年代の自由化はこの傾向に一層拍車をかけている。「電気は電気家」「ガスはガス家」ではなく，「電気家は電気もガスも」「ガス家はガスも電気も」というあり方が珍しくなくなることになる。このように電気もガスも供給する事業者が出現した場合，これを個別の

法制でもって規制していくのは容易ではないであろう．コージェネをベースとした新しいエネルギー供給システムがわが国において脚光を浴びてきた時点でこれらのことはある程度予想できたことではあるが，事態は制度的，法的条件が整わないまま一歩先を行っていることになる[15]．

したがって，エネルギー産業における自由化が進展することは，同時にエネルギー間競合が激しくなるということでもあり，そうした事態の中で消費者，とりわけ一般家庭の消費者の利益がいかにして守られていくのかということに政策当局としてはさらに心をくだかなければならない．問題は発電市場におけるこうした自由化が全体としての電力供給システムをどこに導くことになるのか，とりわけ一般家庭を中心とした小口の需要家にとって，その供給が必需財の機能を損なうことなく実施されるのかという点での慎重な検討が求められているにもかかわらず，ここでの議論がオミットされる傾向が強いことである．今ひとつの問題は，発電分野であるとともに配電分野にも直接関わるコージェネなどを中心とした従来からの自家発とは異なる小口または業務用さらには一般家庭用をも対象とした分散型電源をこれまでの大規模系統にどのように組み込んでいくのか，という点での総合的視野からの検討も十分行なわれているとは言えないことである．自由化が進んだからといって，電力事業のネットワーク構造がなくなることにはならない．電力事業の初期の姿が単純に再現することあり得ないのであって，結局は大規模，中規模電源と分散型小規模電源の新たなネットワーク構造が構築されることを視野に置いた電力事業を想定するのが現実的なところである．

(2) 熱供給事業の位置づけ

以上，エネルギー産業の中心分野と考えられる電気事業における規制改革の状況を見てきた．ここでは，これらエネルギー産業と密接な関連を有しながらも，あくまでも付随的な分野としてのみ扱われることの多い熱供給事業について，若干検討しておこう．その際，筆者は，熱供給事業をとりあえずは分散型エネルギーシステムの1つとして議論しようとするものであるが，

熱供給事業の出発点においては,「地域集中型」という表現が用いられてきたことから分かるように,個別ビルや個別住宅における分散エネルギーシステムに取って代わるエネルギー供給形態という位置づけがなされてきたことは明らかである.したがって,個別ビル等との対比上,熱供給事業は分散型ではなく,むしろ大規模集中型であることが含意されていたわけである.そうであればこそ,熱供給事業が公益事業の1つとして位置づけられる必然性も生まれてきたのである.この考え方の有効性は依然として残っていると筆者は考えているが,それにもかかわらず,熱供給事業を分散型システムの1つとして議論するのは,既存の電力や都市ガスの巨大供給システムの中に熱供給システムが組み込まれるプロセスを考察する際の方向から規定されたものである.各家庭のセントラル・ヒーティングが個別ストーブに対してはセントラル・集中型であっても,熱供給事業から見れば個別分散システムであると言われるのと,同じような関係がそこに存在する.

　熱供給事業法の制定過程から考えても,基本的には,熱供給事業,とりわけ住宅用熱供給事業は「公益事業」として位置づけるのが適当な扱いであると思われる.にもかかわらず,熱供給事業であれば,供給対象がどのような性格の客体であるかを問わず,すべて「公益事業」と捉える傾向がある[16].札幌市における熱供給事業の展開,とりわけ都心部におけるそれについては,市の出資や第三セクター設立の根拠として市当局者は「環境改善や省エネといった本市の街づくりと密接な関連を有する」熱供給事業という点をを強調している.この主張は一般論としては理解できるが,熱供給の需要家の側からみると,ビルやデパートといった大口の需要家と家庭用の需要家の区別がなされていないという意味では,問題が残る主張ということになろう.

　次節において,「㈱札幌駅南口エネルギー供給」の設立経過にも触れながら,都市における熱供給事業の現状と将来的な課題について考えてみたい.

(3) 「㈱札幌駅南口エネルギー供給」の設立経過

　同社は,99年4月に札幌市の出資も得て「北海道ガス」によって設立さ

れたもっとも新しい熱供給事業会社である．その設立趣旨には次のように記載されている．

　今日の環境・エネルギーを取り巻く状況は地球温暖化を防止する観点から，地球規模の環境保全やエネルギーの有効利用を推進することが必要とされております．
　札幌市においても，これら地球規模の環境負荷の低減，省エネルギー化，エネルギーの有効利用を進めるために，平成7年に「札幌市環境基本条例」を制定するとともに，平成10年度には，地域のエネルギー需要に適応した低環境負荷のエネルギーシステムの導入や自然環境の保全などを織り込んだ「札幌市環境基本計画」を策定しております．
　一方，札幌市の都心部においては，全国に先駆けて地域熱供給事業を導入し，これまでも都市環境の保全と省エネルギーに先駆的な役割を果たしてきておりますが，近年は施設の老朽化や需要の低迷など，様々な課題が顕在化しております．
　このため，今後とも，環境保全，エネルギー対策はもとより，都市環境の改善や都市防災に貢献する重要な施設として，地域熱供給事業の普及・促進と安定的な事業経営を図るためには，需要家ニーズに対応し，街づくりと一体となった，環境保全とエネルギー対策に資する新たな展開が求められております．
　また，熱供給事業を予定しております札幌駅南口地区については，札幌市が進めている「札幌駅南口土地区画整理事業」に合わせて，民間等による商業，ホテル，百貨店及び劇場などの大規模複合施設の建設が計画されております．
　このため，これらの大規模複合施設に対して，環境保全やエネルギー対策への貢献と安定的なエネルギー供給を行うことを目的として地域熱供給事業の導入を図ることとし，ここに，札幌南口エネルギー供給㈱を設立しようとするものであります．

なお，本事業を行うに当たって，
1. 環境保全型地域熱供給システムの構築を図る．
   (1) 天然ガスコージェネレーションの導入によるエネルギーの有効利用
   (2) 夜間電力の有効活用による電力負荷平準化
2. 需要家への経済的優位性の確保を図る．
   (1) コージェネレーション廃熱の活用
   (2) 国の地域新エネルギー導入促進事業補助金の活用
3. 将来の都心部熱供給事業の一本化を前提とする．

ことを基本コンセプトとします[17]．

　以上のように趣旨説明されているが，この「札幌駅南口エネルギー供給㈱」設立に至る経緯を検討する形で，熱供給事業の課題について考えてみよう．

　同社の設立によって，郊外住宅団地向けを中心とした「北海道地域暖房㈱」を別とすると，札幌市の都心部には都合3つの熱供給事業会社が展開することになり，しかも，札幌駅をはさんで3事業はその供給地域が接することになる（厳密には，「北海道熱供給公社」が供給区域を一部「札幌駅南口エネルギー供給」に譲る形）．3社はまた，札幌市が行政として深く関与する第三セクターである（図4-4参照）．

　こうした展開がなされる背景には，従来から指摘されてきたエネルギー関連第三セクターの統合問題がある．平成12年3月に明らかにされた札幌市の文書「都心部熱供給事業の統合化」によれば，次のように説明されている．

　札幌都心部の地域熱供給が今後とも公益事業として安定供給責任と環境保全等の役割を的確に果たしていくために，環境負荷の少ない燃料の活用，エネルギーの多段階利用等による環境保全型熱供給システムを導入するとともに，分散ネットワーク型の熱供給システムによる街づくりと一体となった整

備促進とエネルギーの有効活用を促進していくこととし，それを担う事業形態のありかたについては，次の方向により進めていくこととした．
(1) ㈱北海道熱供給公社，㈱札幌エネルギー供給公社及び札幌駅南口エネルギー供給㈱の都心部熱供給事業3社については，できるだけ早期の統合化をはかる．
(2) 統合化にあたっては，本市主体の経営形態からエネルギー関連事業者を中心とした民間主体の経営形態への移行を図る．

以上のような方針のもと，次のように2段階の統合ステップを踏んで統合化するとしている．
 統合の形態 北海道供給公社を存続会社とする吸収合併
       出資比率は，民間主導となるようにする
 統合の時期 第1段階 北海道熱供給公社と札幌駅南口エネルギー供給㈱の合併
       第2段階 札幌エネルギー供給公社の統合[18]

　札幌エネルギー供給公社の経営問題が市議会において集中的に審議された平成4年から7年の間に，やはり統合問題が取りざたされたが，それは「札幌エネルギー供給公社」と「北海道熱供給公社」との統合問題であって，もちろん，「札幌駅南口エネルギー供給」との統合ではなかった．すなわち，この時点では，札幌駅南口のための熱供給会社の設立については公になってはいなかったのである．それでも，平成5年3月には「札幌駅南口土地区画整理事業」が都市計画決定され，同事業によってJR北海道本社が移転することが決まり，さらに，平成9年3月にはJRと「大丸」が共同で駅ビル建物を建てることが決まっているので，これらの建物に対するエネルギー供給についても当然検討されたものと思われる．既存の熱供給会社の供給区域からして「札幌エネルギー供給公社」または「北海道熱供給公社」のいずれかがその任に当たることが順当かと思われるが，結果は新会社の設立となり，

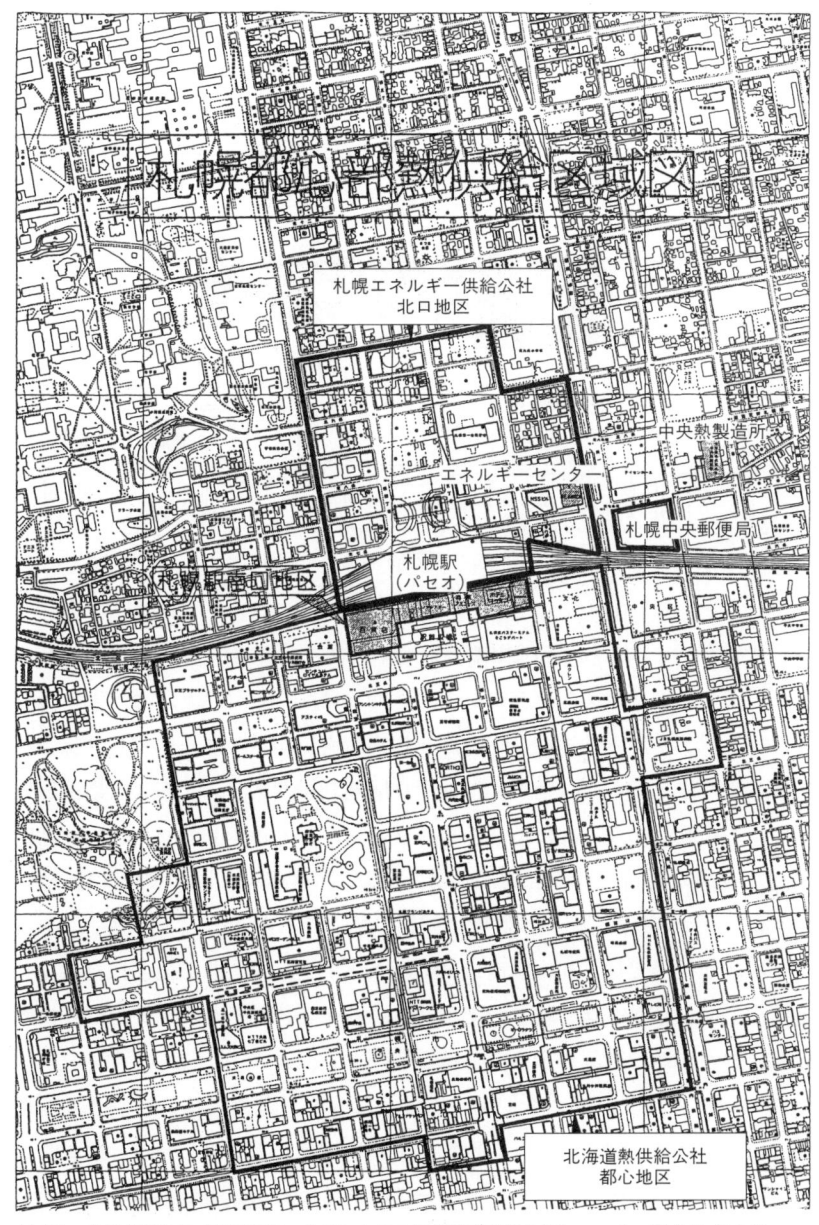

第 4 章　電力自由化の基本問題　　　　　　　　　　　　101

(出所)　札幌市都市局「札幌駅南口地区における熱供給事業新会社について」平成 11 年 5 月.
図 4-4　札幌都心部熱供給区域図

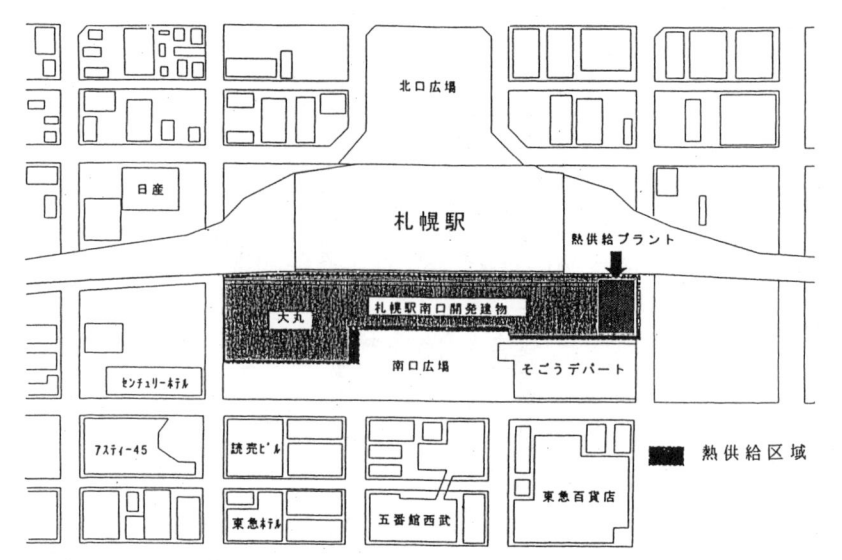

(出所) 札幌市都市局「札幌駅南口地区における熱供給事業新会社について」平成11年5月.
図4-5 熱供給区域及び熱供給施設配置図

しかも将来的にはこれらの会社が統合されるというおまけがついたのである.
　都心部の熱供給事業の統合をシステム的な側面から見ると，冷水供給管を伴う「札幌エネルギー供給公社」と「札幌駅南口エネルギー供給」の統合が妥当なように思えるが，前者には地下鉄廃熱利用システムと膨大な累積損失というお荷物があり，北海道熱供給公社には，温水供給2管システムと老朽化した設備の更新という課題がある．ただ，都心部100ha余の供給区域と100余りの事業者顧客という財産は同社の魅力であろう．
　結局，現段階では「札幌駅南口エネルギー供給」をとりあえず独自に立ち上げ，上記2社から切り離す形で事業化することになったが，そのことによって，いくつかの教訓を示すことになった．
　1つは，「札幌駅南口エネルギー供給」は「北海道熱供給公社」の供給地域内に，いわば「地点供給」を行なう事業主体として登場したことになり，電気事業における一般電気事業と特定供給あるいは特定電気事業との関係と類似の問題を提起することとなった点である．改正電気事業法によって電力

第4章 電力自由化の基本問題　　　103

小売りの部分自由化が開始され，その行方がどうなるか，大いに興味がそそられるところであるが，本来の公益事業的スタンスからすれば，従来の大型電源を柱とする系統システムと特定供給や特定電気事業として展開されることになる分散型システムとの結合のあり方を吟味するのがより公益課題にかなったテーマであるように思われる．その際，この分散型システムの中核にコージェネ型（熱電併給型）エネルギーシステムがすわることになると予想されるから，熱供給事業と電気事業の複合的研究が求められることになる．

　2つには，同社を特定供給型の事業者とした場合，これに自治体が積極的に参加することの是非という問題である．この点は，住宅需要熱供給と事業所熱供給を同列に扱うべきでないという筆者の考えの論理的帰結でもある．自治体が特定の事業者のエネルギー供給に深く関わるためには，それ相当の理由が必要であり，住民に対する説明責任が伴うのは言うまでもないことである．都市型の3熱供給会社がこの責任を全うし得るかが問われることになる．将来の民営化をにらみつつ，通産省の補助対象事業となるため，市の25％参加を実施したとなると，「札幌駅南口エネルギー供給」への市の関与は行き過ぎとの批判は免れない．

　3つには，1点目とも関わるが，こうして形成される熱電併給型の熱供給事業は，結局個別事業法的な規制になじむことになるのかどうか，都市ガス会社，電力会社，場合によっては石油会社を含め，熱供給事業を基軸としたトータルエネルギー供給事業としての新たな規制の枠組みを考えざるを得ないのではないか，と思われる．70年代初めの熱供給事業がほとんど熱供給単独で開始され，法律もそれに沿う形となったのは，時代の制約からしてやむを得なかったとしても，「自由化時代」の今日にあっても，それぞれの個別事業規制の緩和を積み重ねる方式をとるのは得策とは思われない[19]．

(4) 送配電インフラと託送料金

　すでに述べたアメリカ北東部における大停電事故に先立って，アメリカ・カリフォルニア州では，2000年から2001年にかけて，深刻な電力不足を原

因とする輪番停電という事態に見舞われた．このカリフォルニア州における停電の原因については，電力会社の経営問題，送電線その他の技術的問題，電力自由化制度そのものの欠陥等，さまざまな指摘がなされている．いずれにしても，カリフォルニア州における電力自由化は結果として失敗したのであり，わが国としては，その失敗の教訓から謙虚に学ばなければならない．こうした観点からすでにいくつかの論考が発表されているが，紙数の関係もあって，ここではその詳細を紹介できないが，その最大の教訓が，需要と供給の価格弾力性が小さく，貯蔵もできないという電気財の性質を無視ないし軽視したことにある，との指摘が興味深い[20]．問題の本質は，こうした性質を有する電気財を自由化された市場機能によって好ましい形で供給することが可能なのか，という点にある．

ここでは，送電線設備の隘路問題と送電ネットワークの管理問題に即して考察しておこう．それは，とりもなおさず，電気財を消費者の手もとまで届ける送電・配電ルートとその設備群を自然独占性あるものとして規定する根本問題について考えることである．すでに見たように，こうした設備はその所有主体が誰であれ，消費者全体が共同で使用するものであり，各消費者は電気料金を負担することによって，応分の設備使用料を支払っていることになる．自由化によって参入する電気事業者が既存電気事業者の所有する送電線設備を借りるという形式を採ることから「託送料金」という概念が生ずることになるが，これも最終的には消費者が負担することになるので，消費者の共同利用という枠組みは変わらない．この視角から，発電・送電の構造分離に理論的基礎を与えたとされるエッセンシャル・ファシリティ論について考えてみると，次のような点が見えてくる．

線路・導線・導管等のネットワーク設備を運営するに当たって，利用者に対して非差別的に利用が認められるか否か（オープン・アクセス化），認められる場合，こうした設備はコモン・キャリアとなるのか，という問題に対してひとつの法理論的な根拠を与えるのがエッセンシャル・ファシリティ論である[21]．この議論は，私有設備である送電線が他者に対して提供されなけ

ればならないと判断される際の説明原理を求める議論であることは明瞭であるが，その根本には，資本の私有原理と送電線が消費者による共同利用設備であるという矛盾関係の存在があるのである．送電設備を利用するのが一般消費者のみに特定される場合は公益性あるいはコモン・キャリア性によって説明が可能と思われるが，利用者が大口の自家発所有者や競争電力事業者の場合は資本の私有原理と真っ向からぶつかることになる．そして，後者について託送（料金）によって処理するというのがこれまでの処理方法である．しかし，この問題は，この種の共同設備を資本の私有原理に基づいて運営する限り，永遠に続く性格の問題であることを自覚すべきである．

送電線管理の中立性を担保するために独立系統運用組織を設立しなければならないという要請も基本的には同じ理由から発生するのである．

「米国における電力自由化の経験から学べることは，コア需要家を重視する必要性と市場メカニズム万能主義からの決別である．十分に有効な競争が機能しない限り，引き続き元の電力会社から電力の供給を受けるコア需要家に対しての安定的な供給は必要であり，そのためには，十分な供給力が確保されなくてはならない．市場メカニズムのみで電源や送電設備の拡張を行いうるとの考えは間違いである．市場メカニズムの有効性を完全に否定するわけではないが，同時に計画も重視されるべきである．電力は貯蔵ができず，また，設備建設のリードタイムが長いなどの特徴を有している．また，国民生活や産業活動にとっての不可欠な財である．自由化制度の構築に際しては，このような電力の財の特殊性を十分に考慮する必要がある」[22]という主張が，現時点におけるカリフォルニア州における電力自由化失敗についての評価として妥当なところであろう．また，矢島正之氏がプールシステムであれ，相対システムであれ，自由化モデルが成功するためには堅固で効率的な送電ネットの構築が不可欠であり，そのためには送電線の混雑管理や系統運用者へ新たな送電線建設へのインセンティヴが決定的に重要であると指摘しているのは，上記のような基本問題から当然導き出される結論である[23]．

以上の考察から明らかなように，送電線を中心とした電気導体システムは，

発電事業者が単独であっても，需要家が多数であればそれだけで共同利用設備となるし，まして発電事業者も需要家もともに多数となっては，電気導体システムが特定の者を排除することはますます困難となることは必然である．電気の流通システムが電力財の性質に規定されて，このような共同利用システムとしての社会的性格を持たざるを得ないこと，そして，それにもかかわらずこの流通システムを私的企業が担うという矛盾を，私的財産と市場をベースとした資本主義システムはどのように調整してきたのであろうか，この点について第5章において，電気事業における「公益」の意味を探ることを通じて考察してみよう．

注
1) 「朝日新聞」2003年8月21日．
2) 「朝日新聞」2003年8月19日．
3) 矢島正之「電力自由化が設備形成に及ぼす影響」『エネルギーフォーラム』2003年10月号参照．
4) 「日経産業新聞」2003年7月22日参照．
5) 「朝日新聞」2000年4月20日，「北海道新聞」2000年4月21日参照．
6) 『エネルギーと環境』2003年6月27日参照．
7) 『エネルギーと環境』2002年8月22日．
8) 『エネルギーと環境』2001年12月13日，『エネルギーフォーラム』2001年5月号参照．
9) 『エネルギーと環境』同上．
10) この点については，3(2)において，若干の考察を行ないたい．また，詳しくは，小坂直人『第三セクターと公益事業』日本経済評論社，1999年を参照されたい．
11) 藤原淳一郎『月刊エネルギー』2001年8月号．
12) ネットワーク・ビジネス研究会編『ネットワーク・ビジネスの新展開』八千代出版，2004年，第6章参照．
13) 飯島昭彦『電力系統（ライフライン）崩壊―自由化への警鐘―』エネルギーフォーラム，2001年参照．
14) 「朝日新聞」2003年7月16日．
15) 橘英樹「わが国電力・ガス事業の海外展開とその課題」『エネルギー経済』第23巻第10号，1997年10月参照．
16) 熱供給事業を，事業者向けと一般家庭向けという供給対象別に考える必要については，小坂，前掲書，第3章参照．

17) 北海道ガス株式会社「札幌駅南口エネルギー供給株式会社事業計画書」平成11年4月参照.
18) 札幌市都市局市街地整備部「都心部熱供給事業の統合化について」平成12年5月参照.
19) 「札幌エネルギー供給公社」および「北海道熱供給公社」については,小坂,前掲書,第3章参照.
20) 藤原淳一郎「法・制度面からカリフォルニア電力危機に学ぶ＝組織を分離すれば後戻りできない,慎重かつ安全弁備えた制度設計を」『月刊エネルギー』2001年3月および木船久雄「海外事例から見た電力規制緩和"失敗の教訓"」『エネルギーフォーラム』2002年3月号参照.
21) 丸山真弘「ネットワークへの第三者アクセスに伴う法的問題の検討―いわゆるエッセンシャル・ファシリティの法理を中心に―」『公益事業研究』第49巻第1号,1997年10月.同「ネットワークへの第三者アクセスに対する事業法からの規制の整理―アメリカの事例を中心として―」『公益事業研究』第50巻第1号,1998年10月.岸井大太郎「電力改革と独占禁止法―託送と不可欠施設（エッセンシャル・ファシリティ）の法理―」『公益事業研究』第52巻第2号,2000年12月.藤原淳一郎「欧州におけるエッセンシャル・ファシリティ論の継受(1)(2)」慶應義塾大学『法学研究』第74巻第2,3号,2001年2,3月参照.
22) 矢島正之,ロバート・グラニア「大幅に後退する米国電力自由化事情」『エネルギーフォーラム』2003年6月号.
23) 矢島正之「電力自由化モデルの諸類型とその評価」『公益事業研究』第55巻第2号,2003年12月.

第5章
公共圏論における公益事業の位相

1. 「公益事業論」と公共性

　「公益事業」について議論する場合，各論者は各論者なりの「公益事業」の定義を持たなければならないし，より本質的には「公益」についての概念規定を行なう必要がある．公益事業学会における規定として，これに該当するのは学会規約第6条の規定「本規約における用語中公益事業とは次の如き意味を有する．公益事業とは，われわれの生活に日常不可欠の用役を提供する一連の事業のことであって，それには，電気，ガス，水道，鉄道，軌道，自動車道，バス，定期船，定期航空，郵便，電信，電話，放送等の諸事業が包括される」のみである．見られるように，この規定は，「公益事業」とされる具体的な対象事業分野を列挙するとともに，それら事業が提供する財・サービスが「われわれの生活に日常不可欠」であること，言い換えれば「必需性」を有するという点にのみ着目したものである．公益事業研究において，さしあたりこの規定に準拠し，事業分析や政策提言を試みることはやむを得ないとしても，この規定をあくまでも不動の前提の如く扱い，経済社会の実態と規定との間にある緊張関係に無関心であってはならない．そもそも，こうした規定が形成されてくるプロセスが現実と理論の葛藤の連続であり，多くの先達の積年の成果としてのみ明文化された規定が存在するのである．きわめて簡潔明瞭な規定であるがゆえに，その背後の複雑かつ長年の議論の跡

が見えないのは当然であるが，だからこそ，後に続く者の責任として，規定の再確認を絶えず行なわなければならないのである．

筆者も，かつて筆者なりの「公益」ないし「公共」の意味把握を試みたことがある．そこでの，一定の結論は，以下のようである[1]．

(1) 「不特定多数の利益」「国民大多数の利益」「国家・政府の利益」をもって「公益」あるいは「公共の利益」，「公共性」と規定するのは間違いである．少なくとも，それを一般的真理とすることはできない．

(2) 具体的な係争のなかで対立しているのは「私益」と「私益」であり，その一方に優位性を与える手続きとして，「公共の利益」「公益」の位置づけが与えられる．その際，それが「共同の利益」と認知されるのがもっとも説得的である．

(3) 「私益」対「公益」の構図において，むしろ，「私益」とされた側に「公共の利益」が存することがあり得る．たとえば二風谷ダム訴訟判決に見られたように，アイヌ民族という少数先住民族の利益，彼らの文化享有権を保証することに「公共の利益」がある，と考えられる．

(4) 多数と全体の利益の名の下に常に無視・軽視されてきた少数者，マイノリティ，社会的弱者の利益がむしろ「公共の利益」の本質をなすと考えるべきであること．また，この場合，「少数者」「マイノリティ」「弱者」という表現は，数の絶対数からではなく，その社会における「社会的勢力」としての位置づけに基づいていること．

(5) こうした「公益」「公共性」規定が，対象とされるメンバーの個別具体性を消し去ることがないこと，すなわち，自然人としての存在が担保されなければならないこと．

以上のような筆者の主張に対して，そこには近年，哲学，社会学，政治学，法学分野で盛んに行なわれている「公共圏」「市民的公共性」の議論が反映されておらず，したがって，筆者の論究には「民主主義と公益」という概念についての研究史が欠落しており，今後の課題として残されていると松葉正文氏より指摘を受けた[2]．

第5章　公共圏論における公益事業の位相　　　　　　111

　本章は，さしあたっては，この指摘に対して筆者なりの答えを用意すべく準備されたものであるが，より本源的には，「公益」なり「公共」，あるいは「公」を直接の対象として学的展開をなす学問領域において，存外，この問題が追究されていない現状があるのではないかという反省がその出発点にある．「公益事業学会」においても，学会創立（昭和24年）から20年間ほどは，「公益事業」とは何か，「公共の利益」とは何かという問題について真摯な議論が行なわれていたが，その後は，この種の議論が必ずしも十分展開されてきたとは言えない．それは，ある意味では，わが国の「公益事業研究」が質，量ともに充実し，「公益」概念についても，一定の収斂が見られた証左である．そして，今日の「公益事業研究」がその基礎の上に成り立っていることも明らかである．しかしながら，同時に時代の進展とともに対象事業分野自体が大きく変貌を遂げている中で，出発点における「公益事業」概念がどこまで有効であり，何を修正しなければならないのか，公益事業概念の再検討作業を絶えず行なわなければ，「公益事業研究」が現実から切り離された過去の概念による自己展開に陥ってしまう，あるいは逆に，厳密な概念規定によらない現状記述的な作業に終始してしまう恐れなしとはしない．この傾向から免れるためには，われわれの眼前で動いていく現実の変化を忠実にフォローすることと，われわれがよって立つ概念をその形成にまで遡って再吟味するという，いわば時間的に逆方向の作業を同時並行的に行なわざるを得ないということであろうか．

　日本公法学会の学会誌において樋口陽一氏は，「私なりに理解した今回のテーマの意味は，いちばん大づかみにいって，『公法における公共性』というとき，何よりも，公法の存在理由としての公共性が日本国憲法の運用のなかでどのようなあらわれ方をしているのか，を問題とし，それに対してどのような公共性を理念として対置するのか，ということでありました．本学会としてこのテーマを正面から掲げて議論するのは，もとより，今回がはじめてであります．……これまで，いろいろな論者がいろいろな問題局面に即して議論をくり返してきた事柄でもあります．にもかかわらず，問題が『公共

性』というテーマのもとで正面から論ぜられることが少なかったということは,それ自体,ひとつの論点を提供するものであります」[3],と述べている.氏も指摘しているように,「公共の福祉」を典型として,この分野で「公共」が議論されないことはあり得ないのであるが,公法学会では,イデオロギーとしての「公共の福祉」批判はあっても,「公共」それ自体を検討することがほとんどなかったという小林直樹氏の主張が併せて紹介されている[4].「公益事業学会」と類似の状況の存在を垣間見た思いである.

2. いわゆる「公共圏」とは何か

「公共圏」あるいは「市民的公共性」という概念がいかなる内容をもっているか,その概要を整理することから議論を始めたい(以下紹介する「公共圏」と「公共性」の原語は基本的には Öffentlichkeit である.後に述べるように,ハーバーマスの公共性概念は広い意味の空間概念であるとの捉え方から,公共「圏」というように,よりそのニュアンスを込めたものにするのが適当だとする花田達朗氏の見解とそれを支持する論者によって「公共圏」という表現が用いられる機会が増えているように思われる.ハーバーマスの著書を最初に日本に翻訳紹介するとき(1973年),訳者の細谷貞雄氏が「公共性」という訳語をあてたことから,一般的には,「公共性」の訳があてられるのであるが,論者によっては,花田氏のように,「公共圏」を好んで用いることになる.本章では,こうした訳語の当否についてはこだわることなしに,基本的に細谷氏の訳を基礎において,ハーバーマスを読むことにする).わが国におけるハーバーマス研究は,社会学,哲学,法学,政治学分野にあってはすでに相当な蓄積がある(巻末の参考文献参照).本章執筆にあたっても,当然これらの成果に依拠する形で準備を始めたのであるが,本章では,あえてハーバーマスの上述の著作をもっぱら読む形で議論を説き起こすことにした.時間がかかるかもしれないが,そのことによってこれまでの研究の航跡を自分なりにたどることができると考えたからである.すでにひとつの

まとまった研究集合体となっている．佐々木毅・金泰昌編の「公共哲学」シリーズ（東大出版会）や山口定ほか編『新しい公共性—そのフロンティア—』（有斐閣）において展開されている議論と十分かみ合う水準に到達するまでには，筆者としてはまだ準備が不足しているが，現段階における理解を出発点にしながら今後の研究へと進んでいきたい，と願っている[5]．

いずれにしても，筆者を含め，今後「公共性」問題にアプローチしようとする者にとって上記著書はきわめて有効かつ示唆に富む内容を提供してくれている．とりわけ，『新しい公共性—そのフロンティア—』の編者である山口定氏によって与えられた，現在の日本における「公共性」議論の状況・理念・規準についての整理は，貴重な指針となるであろう．氏は，ハーバーマス『公共性の構造転換』（第2版1990年）の序文において新たに導入された「Zivilgesellschaft」概念をてがかりとして，「公共空間」論を重視しつつも，わが国の議論が，この「空間」論に若干一面的に傾斜しつつあることが「公共性」の内容，とりわけ「公共性」の規準論において未展開な面があることを指摘し，これを補強するという立場で議論するとしている．氏は，まず「公共性」論の入り口の難問として次の2点を挙げている．

1) わが国の「公共性」論者の多くが，いわゆる公・私二元論を明確かつ完全には卒業しておらず，したがって「公」と「私」を「媒介」したり，「結びつけるもの」という指摘にとどまって，それが独自の理念・主体・規準・手続きをもった，「私」でもなく「公」でもない独自の「空間」とその特性であるということを明晰に提示していないこと．

2) 加藤（典洋）のように「公共性」は「私利私欲」の土台の上に構築されるべきものとする場合にも，「私利私欲」の集合が「公共」——場合によっては，全体主義的，「ファシスト的公共性」——に転じる論理の諸類型とそこでのありうる選択が明快に示されていないこと．

氏は，この2点を踏まえ，「公と私を結びつける論理」もしくは「場としての公共性」という「公共性」概念のもっと明確な定位を提唱する狙いは，そうすることによって，「公共性」概念に，「公」と「私」の意味ある両立を

可能にし，かつ「公」と「私」の双方に起こりうる偏向や逸脱を阻止する働きを期待できるのではないかという理論的な側面での点にある，とする．また，実践的には，さまざまな考え方の持ち主が存在する社会において，「私利私欲」を出発点にしたり，「公（共）心」を出発点にしたりするなどさまざまな動機に基づいた集合行動を危険性がなく，逆に積極的な手がかりを与えるようなタイプの「公共性」に転化させるためのルール設定と制度構想，それを触発すべき問題提起をどのようにするかということであろう，と指摘している．また，後藤玲子の「合理的な愚か者」を乗り越える（アマルティア・セン）ために提出している視点，すなわち，個人の評価体系は多層性をもっているものであり，したがって，同じ個人においてもステージによって異なる評価を生むものであり，このように選好構造の多層化が現実に存在し，さらには「公共性」論議の活性化によってさらに推進されるということは，人々の選考が私的選好から公共的選好へと進化する可能性が強まるということである，という視点の重要性を指摘する．

　最後に，山口氏は「公共空間」と区別されるべき「公共性」，正当性規準としての「公共性」について8点をあげている．
1) 「社会的有用性」もしくは「社会的必要性」
2) 「社会的共同性」
3) 「公開性」
4) 普遍的人権
5) 国際社会で形成されつつある「文化横断的諸価値」
6) 「集合的アイデンティティの特定レベル」
7) 新しい公共争点への開かれたスタンス
8) 手続きにおける民主制[6]

　これらの規準を参考にしながら，筆者も今後の「公共性」研究を進めていくことになろう．

　わが国においては，「公」がともすると「上」と意識され，その行政組織

第5章　公共圏論における公益事業の位相　　　115

が「公共体」となり，公共体の行政行為全体が公共性を有するものであるとの理解が生まれる素地を作り出してきた．その起源を歴史的にさかのぼって探究する試みも見られる[7]．しかし，ここでは，第2次大戦後の現行憲法体制下の政治経済社会を念頭に置きながら議論を進めたい．上記の「公」や「上」に明確に対抗して，市民が私人として自覚的に行動をする時代，したがって，「上的公共性」に対する「市民的公共性」を実態的にも確認できる時代がこの時代だからである．戦後過程において太平洋ベルト地帯への産業集積と地域開発はわが国経済発展の両輪をなすものであったが，この過程が同時に地域住民にとっての生活と生命の危機を伴って進行してきたことは，各地の公害問題の発生が端的にそれを証明している．しかし，問題が顕在化するまでは，この集積化と地域開発を住民の反撃を撃破してでも遂行すべく邁進してきたのがわが国の行政であり，進出企業であった．その際，単に「力ずくで」ことが遂行されたと考えられるべきではなく，たとえその要素が強いにしても，地域住民の側に，それを「受け入れざるを得ない」と納得させるだけの大義名分が必要なのであり，それが，まさに「上的公共性」であった．それが，観念的なものであり，地域開発を進めるために利用されたのだとすれば，それは「幻想的公共性」ということになろう[8]．そうした中で，65年前後から住民が生活防衛のための運動を展開していくようになり，それがやがて生活破壊予防→生活要求という形の運動へと発展していく．この住民運動の展開過程において，住民は「市民」へと転回し，新しい「生活の共同性」を萌芽させていく．こうしたことのなかで，公共性に対する問い直しが行なわれ「市民的公共性」が主張されることにもなる[9]．

　山本英治氏は，65年前後からの住民運動の現れに，ヨーロッパ的な「市民的公共性」が日本に根付く可能性を展望しつつ，他方では，わが国が西欧に見られたような市民社会の経験を持たないがゆえの，あるいは日本的，アジア的な「公」「私」関係を根強く引きずっているがゆえの不徹底さを免れないことを指摘している[10]．

　このように，「市民的公共性」という概念自体が元来西欧的な歴史社会の

あり方に起因するものとして捉えられたものであり，その意味では特殊西欧社会の展開に即して検討されなければならないものかもしれない．しかし，わが国と西欧社会との比較研究を踏まえた上で，この概念を吟味する作業をここでする余裕はないので，65年前後以降の日本の経済社会を西洋近代社会の基本的要件を満たしている近似社会であると捉え，議論を進める．先述の「現行憲法体制下の政治経済社会を念頭に置」く，ということわりは，このことを踏まえたものである．

それでは，ヨーロッパ社会に起源を持つとされる，市民社会あるいはその構成員たる市民（私人）の共同性を前提とする公共性（市民的公共性）とは何か，この点について，近年の「市民的公共性」をめぐる議論において常に中心的な素材として取り上げられているハーバーマスの主張を紹介することを通じて考察しておこう[11]．

> 「公共の」催しとは，内輪の社交とはちがって，だれにでも入場できる催しのことであり，——公共の広場とか公共の家（公衆酒場）などというのも，これと同様の意味である．しかし，すでに「公共建築物」という言い方をとってみても，それはだれもが出入りできるということにはつきない意味をもっている．これらの建物は必ずしも公共の交際に開放されているわけではなく，国家の諸機関を収容しているという意味で公共建造物なのである．国家は「公権力」である．それが公的という性格を帯びるのは，公共の福祉，すなわち同一の法を享有するすべての人々の共通の福祉を配慮することを課題としているからである．……「公共」というカテゴリーのもっともひんぱんな用法……世論とか，憤激した公衆とか，情報に通じた公衆という意味での用法であって，公衆，公開性，公表などと連関する語義である．この意味での公共性の主体は，公論（世論）の荷い手としての公衆である（12ページ，原書54-55）．
>
> 公共性そのものは，一つの生活圏という形で現われる．公共生活の領域は，私生活の領域に対立している．それはしばしば端的に公論の勢力圏として現われ，公権力にはかえって対立している（12-13ページ，原書55）．

こうした叙述から，ハーバーマスの「公共性」概念設定の基本的な意図が

第5章　公共圏論における公益事業の位相　　　　　117

読み取れる．すなわち，彼の「公共性」概念は「公共の広場」「公共の家」（公衆酒場）に端的に現れているように，その場への「参加自由」性に核心がある．したがって，構成メンバーに対してオープンであり，非差別的であることが最大のポイントである．公論（世論）形成のためには，議論への参加が自由であり，また，そこで展開される議論自体が誰に対しても公表されていること（公開性）が不可欠なのである．そして，このような公論形成のために展開される公衆の生活圏が公共生活の領域であり，それは公権力からは自立した領域でなければならないのである．したがって，彼にとって，本来の公共性は最初から公権力による「公」性を排除したところに成立するものと考えられたことになろう．

>……ドイツ語では，この名詞形（Öffentlichkeit）はそれよりも古い「公的」（öffentlich）という形容詞を基にして，18世紀の間にフランス語のpubulicitéと英語のpublicityを模して作られたものである．……少なくともドイツでは，当時はじめて公共生活の圏が形成され，その機能を引き受けるようになったとみてよいであろう．それは，同じころ商品取引と社会的労働の領域として独自の法則に従って確立された「市民社会」に特有の圏なのである．しかしながら，「公的」なものと，公的でない「私的」なものとの区別は，それよりずっと前から慣用句になっていた．
>　これらは，もともとギリシャに発し，今日までローマ的形態で伝えられてきたカテゴリーなのである．……（13ページ，原書55-57）

ドイツ語には本来的には公共性にあたる語が存在せず，フランス語または英語をベースにして造語されたものと考えられる．その理由は，イギリスやフランスにおいて先行した「市民革命」の影響がドイツに及んではじめてドイツにおいても「公共性」という概念が必要とされる社会，経済，政治状況が醸成されたからである．社会的実態が新しい語を必要とするまでは，当該言語そのものが生まれ得ないことを示している．同時に，ここではギリシャ，ローマ時代に特有であった「都市国家」における「市民社会」概念の検討が行なわれている．この「都市国家」における「市民社会」概念と近代市民社

会におけるそれとの比較は興味深いテーマではあるが，ここでは近代および現代における「公共性」の意味探求が直接のテーマであるので，扱わない．

　　古ゲルマン法の伝統にも，「共同的」(common) と「個別的」(particular) という区別があって，これが「公的」と「私的」という古典的区別に或る意味で対応している．前者は，封建的諸関係のもとでもなお存続していた共同体的要素に関するものである．共有地は公的なもの (pubulica) であり，井戸や市場は共同使用のために公共的に立ち入りを許される場所である．言語史的にみれば，この「共有」(Gemeines) から一般福祉または公共の福祉 (common wealth, public wealth) へと至るひとつの線が通じているが，これに対立するものは「個別」(Besonderes) である．それは私的なものという語義で分離されたものであって，この語義は今日でもなお，個別利害と私的利害とを同一視するときに，思い浮かべることができる．……（17ページ，原書59）

　　中世盛期の封建社会においては，私生活圏から独自の領域として分離された公共世界の存在は，社会学的には――すなわち制度的基準を手がかりにするかぎり――立証することができない．それでも，たとえば君主の証印のような支配権の属性が「公印」と呼ばれるのは，偶然ではないし，イギリス国王が公礼 (pubulicness) を受けているのも偶然ではない．支配権の公的表現が存するからである．この表現的公共性は，公共生活圏という一つの社会的領域として成立しているのものではなく，むしろ（この用語を転用してよいなら）いわば社会的地位の徴表なのである．……この代表的具現の概念は，最近の憲法学にいたるまで維持されている．……（18ページ，原書60）

ここで確認すべきは，「公的」と「私的」という区別が，封建的諸関係の下での「共同的」と「個別的」という区別に基本的に対応していると捉えられていることである．「共有地は公的なものであり，井戸や市場は共同使用のために公共的に立ち入りを許される場所」であるという表現は，「公」なり「公共」が構成メンバーにとっての共同利用対象として捉えられているのが分かる．先述した，オープンで非差別的である公共の場という指摘との関連性もうかがえる．

第5章　公共圏論における公益事業の位相

　市民的公共性は，さし当り，公衆として集合した私人たちの生活圏として捉えられる．これら私人（民間人）たちは，当局によって規制されてきた公共性を，まもなく公権力そのものに対抗して自分のものとして主張する．それは，原則的に私有化されるとともに公共的な重要性をもつようになった商品交易と社会的労働の圏内で，社会的交渉の一般的規則について公権力と交渉せんがためであった．この政治的折衝の媒体となる公共の論議（öffentliches Räsonnement）は，歴史的に先例のない独特なものである．……民間人は私人である．したがって彼らは「支配」しない．それゆえに彼らが公権力に対してつきつける権利要求は，集中しすぎた支配権を「分割」せよというのではなく，むしろ既存の支配の原理を掘りくずそうとするのである．市民的公衆がこの支配原理に対置する監査の原理が，まさに公開性なのであって，これはもともと支配そのものの性格を変化させようとするものなのである．(46-47ページ，原書 86-87)

　ここでは，「市民的公共性」が「公衆として集合した私人たちの生活圏」として捉えられたこと，また，私有化が一般化した下で公共的な重要性を持つようになった商品交易と社会的労働の圏内で，「社会的交渉の一般的規則について公権力と交渉せんがためであった」ことを確認している．つまり，市民あるいは公衆としての私人が自分たちの経済社会生活を円滑に行なううえで必要となるルールを公権力による規制によってではなく，自分たちのルールとして作り出すことを要求するのである．もっとも，ここで注意を要するのは，ハーバーマスが，この際私人たちは「支配」を要求したり「支配権」の分割を求めたりするのではない，と指摘している点である．市民的公共性を私人たちの生活圏として捉え，公権力とは離れたところに設定したことの必然的結果であろうが，同時に，そのことが「既存の支配原理」を掘り崩し，「支配そのものの性格を変化させようとするもの」なのであると，言うとき，市民的公共性と公権力の関係が曖昧になっているように思われる．

　……国家と社会の間の緊張場面で公共性がはっきりと政治的機能をひきうけるようになる前に，小家族的な親密領域から起こった主体性は，いわばそれ自身の公衆ともいうべきものを形成する．公権力の公共性が私人たちの政治

> 的論議の的になり，それが結局は公権力から全く奪取されるようになる前に
> も，公権力の公共性の傘の下で非政治的形態の公共性が形成される．これが，
> 政治的機能をもつ公共性の前駆をなす文芸的公共性なのである．(48ページ，
> 原書88)

ハーバーマスの市民的公共性の議論は歴史学，哲学，政治学，法学，経済学，社会学などきわめて多岐の領域にまたがって展開されている．ここで触れられている「文芸的公共性」は，18～19世紀にかけて，いわゆる「サロン」を典型的な舞台として展開された談論の場に基礎を置くものである．なぜ，「サロン」が公共性の議論に登場することになるのか，その理由は「サロン」の性格にある．これらの「サロン」は開催場所が宮廷や貴族の館ではあっても，その参加者は王侯貴族に限定されず，市民階級の知識人も出入りが許され，貴族階級と対等な立場で会することができた．したがって，開かれた言論空間がそこに展開されたという意味で，「公共性」ある圏域であるとされたのである．しかしながら，ハーバーマスによれば，それは，後の政治的な公共圏の前史と位置づけられることになり，やがてはそれに席をゆずることになる，とされる．「サロン」の主催者は一般的には貴族女性であるが，18世紀末から19世紀初めにかけてドイツにおいて見られた市民階級の女性が主催した「サロン」の意味について考察した大貫敦子氏の論究が興味深い．「ハーバーマスの市民的公共圏はその成立過程において女性を閉め出すと同時に，特定の言語と思考のタイプを女性性の徴標を付与して排除した．つまり合理性に欠ける，感情的である，論理的でない，客観化の能力の欠如などを指摘される発話のタイプである．普遍主義的言説が要求する『優れた論証という強制なき強制』は，発話者の選別と同時に，発話レベルの選別を生みだした．……もし公共圏がそのように発話レベルでの選別に基づいているのであれば，公共圏への参加権利の拡大だけでは不十分なのであり，公共圏の普遍主義を構築している言説の前提そのものがもう一度問いなおされねばならない」[12]，という大貫氏の主張は，ハーバーマスの市民的公共性の核心部分，すなわち「公開性」という意味での「公共性」のあり方を射ている

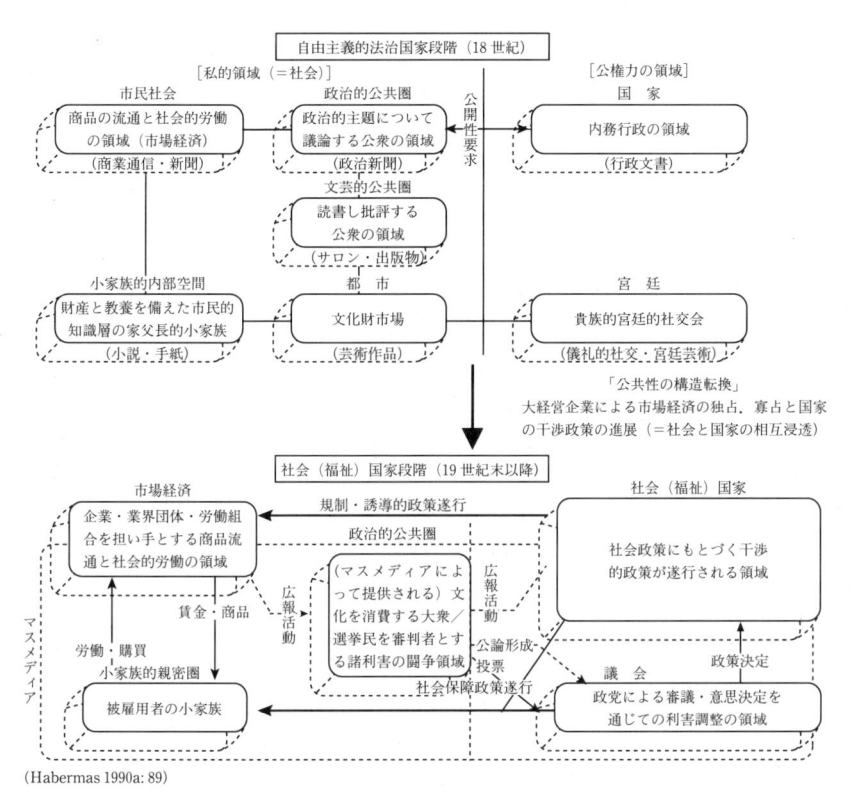

第5章　公共圏論における公益事業の位相　　　　　　　　121

[私的領域（＝社会）]　　　自由主義的法治国家段階（18世紀）　　　[公権力の領域]

市民社会　　　　　　　政治的公共圏　　　　　　　　　　　　　国家
商品の流通と社会的労働　　政治的主題について　　　公　　　　　内務行政の領域
の領域（市場経済）　　　　議論する公衆の領域　　　開
　　　　　　　　　　　　　　　　　　　　　　　　性
（商業通信・新聞）　　　　　（政治新聞）　　　　　　要　　　　　　（行政文書）
　　　　　　　　　　　　　　　　　　　　　　　　求
　　　　　　　　　　　　文芸的公共圏
　　　　　　　　　　　　読書し批評する
　　　　　　　　　　　　　公衆の領域
　　　　　　　　　　　　（サロン・出版物）

小家族的内部空間　　　　　　都　市　　　　　　　　　　　　　　宮　廷
財産と教養を備えた市民的　　文化財市場　　　　　　　　　　　貴族的宮廷的社交会
知識層の家父長的小家族
（小説・手紙）　　　　　　（芸術作品）　　　　　　　　　（儀礼的社交・宮廷芸術）

　　　　　　　　　　　　　　　　　　　　　　　　　　　「公共性の構造転換」
　　　　　　　　　　　　　　　　　　　　　　　　大経営企業による市場経済の独占，寡占と国家
　　　　　　　　　　　　　　　　　　　　　　　　の干渉政策の進展（＝社会と国家の相互浸透）

　　　　　　　　　　　社会（福祉）国家段階（19世紀末以降）

市場経済　　　　　　　　　　規制・誘導的政策遂行　　　　　　社会（福祉）国家
企業・業界団体・労働組　　　　政治的公共圏
合を担い手とする商品流　　（マスメディアによ　　　　　　　　社会政策にもとづく干渉
通と社会的労働の領域　　広　って提供される）文　広　　　　　　的政策が遂行される領域
　　　　　　　　　　　報　化を消費する大衆／　報
マ　　　　　　賃金・商品　活　選挙民を審判者とす　活
ス　労働・購買　　　　　動　る諸利害の闘争領域　動　公論形成
メ　　　　　　　　　　　　　　　　　　　　　　　投票　　議　会　　　　政策決定
デ　　小家族的親密圏　　　　　　　　　　　社会保障政策遂行　政党による審議・意思決定を
ィ　　被雇用者の小家族　　　　　　　　　　　　　　　　　　通じての利害調整の領域
ア

(Habermas 1990a: 89)
（出所）　干川剛史『公共圏の社会学』12ページより．

図 5-1　公共性の構造転換過程

という意味で，重要である．ハーバーマスは18世紀における市民的公共性の基本構図をひとつのマトリクスにしているが（49ページ，原書89），ここでは，比較的分かりやすいと思われる干川剛史氏と花田達朗氏による図式を参考として掲げておく[13]．

　　政治的機能を持つ公共性は，17，18世紀の交りに，イギリスではじめて成立する．国家権力がくだす決定に影響を及ぼそうとする諸勢力は，論議する公衆に呼びかけ，この新しい審判者から諸要求の正統化を取りつけようとする……

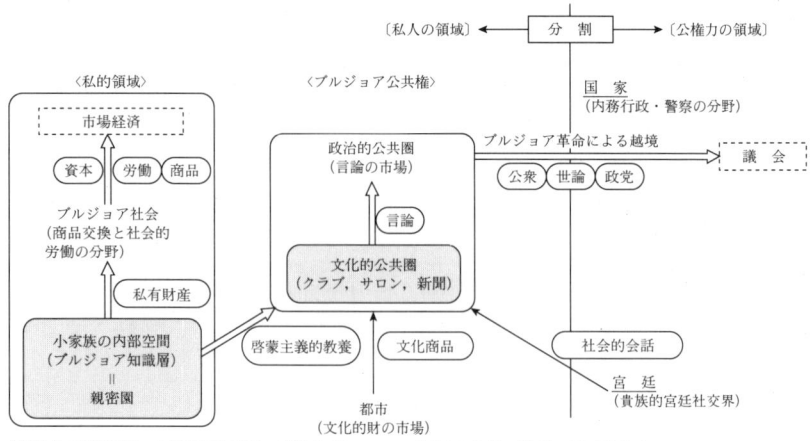

(『公共性の構造転換』の原著旧版 45 頁，邦訳 49 頁にシェーマをもとに加筆・補正して作成した．)
(出所) 花田達朗『公共圏という名の社会空間』156 ページより．

図 5-2 ハーバーマスによるブルジョア公共圏の発生論的構図（18 世紀とその前後）

　この発展の開始を告げるものは，1694 年から 95 年にかけての三つの事件である．第 1 に，イングランド銀行の創立は，リヨンとアムステルダムの取引所の設立とはちがって，資本主義の新しい段階を画するものである．それは，これまで通商貿易のみによって連絡していた体制が，資本主義的に革命された生産様式の基盤の上に確立される前触れである．第 2 に，事前検閲制度の撤廃は，公共性の発展の新しい段階を画するものである．それは論議が新聞へ浸透することを可能にし，政治的決定を公衆という新しい審廷へひき出すための機関へ新聞を発展させる道を開いていく．そして第 3 に，最初の内閣政府は，議会の新しい段階を画するものである．それは国家権力の議会制化へむかう長い道程の第一歩であり，ついには，政治的に機能する公共性そのものをも国家機関として確立するにいたるのである．（86-88 ページ，原書 122-124）

　これまで，ハーバーマスの「公共性」概念について，その特徴的な部分を抜書きしてきた．その特徴のひとつとして，彼は市民的公共性の圏域を公権力から分離したものとして捉える考え方を貫いていたことが分かる．しかし，この段階では，議会制度という仕組みを通じて市民的公共性が国家機関に組

第5章　公共圏論における公益事業の位相

み込まれることを指摘している．公権力から自立していることが市民的公共性の重要な立脚点であるとするならば，この組み込みは市民的公共性の後退と見られよう．しかしながら，この初期の組み込みは市民的公共性にとって積極的なものとして説明されている．

　イギリスでは1世紀以上にわたる連綿たる発展を必要としたことが，フランスでは革命がいわば一夜で——それだけに不安定であったが——なしとげられた．……政治的公共性がこうして事実上の制度化をみるとともに，それにおとらず重要な，その法律的規範化も進められる．革命の過程は，ただちに憲法的に解釈され定義される．……公共性の政治的機能は，フランスの革命憲法の法典化から出発して，たちまち全ヨーロッパに流布されるスローガンになる．ドイツ語の「公共性」がフランス語を模して造られたのは，偶然ではない．（100ページ，原書137）
　政治的に機能する公共性は，市民社会が自己をその要求に応ずる国家権力と媒介するための機関という規範的地位を得る．この「発展した」市民的公共性を成り立たせる社会的条件は，傾向的に自由化された市場であり，これは社会的再生産の圏における交渉を，できうるかぎり私人相互の間の問題とし，このようにはじめて市民社会の私有化を完成するものなのである．……重商主義の「統一形成的体制」は，すでに積極的な意味における再生産過程の私有化の発端をなすものであった．すなわちそれはこの過程を，次第に自律的に，すなわち市場の固有法則に従って発達させようとするのである．なぜなら，資本主義的生産様式の，上から助成された貫徹が進むにつれて，社会的諸関係は交換関係によって媒介されるようになる．この市場の圏の拡張と開放にともなって，商品所有者はいよいよ自立を得ることになる．「私的」という言葉の積極的意味は，資本主義的に機能する財産に対する自由処分権という概念にそくして形成されるのである．（105ページ，原書142-143）
　市民社会が標榜する理念によれば，自由競争の体制には自動調整の能力がある．それどころか，経済外的な権威が交換関係に干渉しないという前提のもとでのみ，この体系は各個人の業績能力に応じて，万人の福祉と社会正義の線にそって機能すると約束するのである．自由主義の法則のみによって規定された社会は，単に支配なき圏であるのみならず，そもそも暴力なき圏であることを標榜する．個々の商品所有者の経済力は，価格機構になんらの影響をも及ぼさず，したがって他の商品所有者たちを支配する勢力としては決

して直接には発動されえない規模のものであると想定されている．彼の経済力は，市場の非暴力的決定に服従せざるをえず，そしてこの決定は交換関係の中から自然に生じてくる匿名の，且つある意味で自立的な決定である．このように私有（民間）圏が傾向的には権力から中立化され，支配から解放されるように，それの経済的基本体制の法律的保障も同じ方向をめざしている．法の保障によって，すなわち国家機能を一般的規範へ拘束することによって，市民的私法体系において法典化された自由権とともに，「自由市場」の秩序も保護される．（110ページ，原書148-149）

すでに見た「政治的に機能する公共性」を成り立たせる社会的条件は，「傾向的に自由化された市場であり，これは社会的再生産の圏における交渉を，できうる限り私人相互の間の問題とし，このようにはじめて市民社会の私有化を完成するもの」であり，「私的という言葉の積極的意味は，資本主義的に機能する財産に対する処分権という概念にそくして形成される」．また，「自由主義の法則のみによって規定された社会は，単に支配なき圏であるのみならず，そもそも暴力なき圏であることを標榜する．……このように私有（民間）圏が傾向的には権力から中立化され，支配から解放されるように，それの経済的基本体制の法律的保障も同じ方向をめざしている」，とハーバーマスが言うとき，資本主義の自由主義段階の経済的特徴が明瞭に叙述されている．問題は，そのような自由主義的な資本主義体制は，それが国家から自立しているがゆえに可能な体制となっているのか，あるいは，彼が言うところの代表議会制と責任内閣制をはめ込まれた政治的に機能する公共性はこの自由主義的資本主義体制の自立といかなる関係に立つのか，という点である．

イギリスにみられるように，法治国家の秩序がもっと古くからの身分国家的体制から事実上脱皮してくる場合は別として，大陸におけるように，その秩序が法律を根拠にして——すなわち基本法もしくは憲法において——明示的に批准される場合には，その中で公共性の機能が判然と明確化されていることがわかる．一群の基本権は，論議する公衆の圏へ関係し（思想と表現の自由，印刷の自由，集会結社の自由など），そしてこの公共性における私人た

第5章　公共圏論における公益事業の位相　　　　125

ちの政治的機能に関係している（請願権，平等の選挙権，投票権など）．第二の群の基本権は，家父長的小家族の親密圏にもとづく個々人の自由権に関係している（人身の自由，住居の不可侵など）．さらに第三の群の基本権は，<u>市民社会の圏における私有財産主たちの相互交渉に関係している</u>（法の前での平等，私有財産の保護など）．したがって基本権は，公共性の圏と私的なものの圏（その中核としての親密圏も含めて）を保証する．それは一方では公衆の制度と機関（新聞，政党）の保証となり，他方では私的自律の基盤（家族と財産）の保証となる．そしてそれは，私人たちの機能，すなわち国民としての政治的機能と商品所有者としての経済的機能を（また「人間」としての個人的コミュニケーションの機能を，たとえば信書の秘密保持によって）保証するものなのである．（114ページ，原書153）

　<u>市民的公共性は，一般公開の原則と生死をともにする．一定の集団をもともと排除した公共性は，不完全な公共性であるだけでなく，そもそも公共性ではないのである</u>．（116ページ，原書156）

　……<u>万人が参加基準をみたし，すなわち教養と財産のある人物たるための私的自律の資格を取得する平等の機会を万人に許容するような経済的社会的条件がととのったときに，はじめて公共性が保証されるのである</u>．これらの条件を，同時代の政治経済学が明らかにした．ジェレミ・ベンタムはアダム・スミスなしには考えられないのである．（117ページ，原書157）

　これらの叙述について，読者は十分注意をもって読まなければならない．先に，ハーバーマスの市民的公共性にはもともと特定の人々を排除する要素が含まれているのではないか，という大貫氏の指摘を紹介した．ハーバーマスは，「一定の集団をもともと排除した公共性は，不完全な公共性であるだけでなく，そもそも公共性ではない」，「万人が参加基準をみたし，すなわち教養と財産のある人物たるための私的自律の資格を取得する平等の機会を許容するような経済的社会的条件がととのったときに，はじめて公共性が保証されるのである」，と述べる．それでは，その条件は当時，問題となる19世紀前半において満たされていたのか．次の引用から明らかなように，彼は，満たされていなかったと答えるが，しかし，「自由主義モデルはとにかく現実に接近していたので，市民階級の利益は公益と同視され，第三身分が国民

としての確実な地歩を得た．だれでもが『市民』たる可能性を持つようになるとしたら，政治的に機能する公共性には市民だけが入場しうるとしても，公共性がこのことによってその原理を喪失することにはならなかった」と，言うのである．こうしたハーバーマスの主張は，十分説得的とは言えない．彼は，市民的公共性の担い手として，あらかじめ「市民」を想定しているが，その市民は「財産」と「教養」を有するものという限定がついている．にもかかわらず，「一定の集団を排除した公共性は，公共性ではない」と言うのは矛盾であろう．また，だれでもが「市民」になりうるという「可能性」の存在をもってしても，現実の人間存在がすべて「市民」ではない以上，彼らが公共性から排除されている事実そのものを変えることにはならない．ハーバーマスは，市民的公共性成立の条件に関わって，さらに古典経済学の諸前提の問題に言及する．

　　<u>これらの条件がみたされるならば</u>（第1前提：各自の経済活動を利潤の極大化をめぐる自由競争によって行う．第2前提：商品価値はその投下労働によって決まる．また，この前提は広範に分散された生産手段の私有，すなわち小商品生産者たちの社会に帰着する．第3前提：生産者と生産品と資本の完全な流動性のもとでは，供給と需要は常に均衡を保つ．——117-118ページ参照，原書157-158），<u>且つその場合にのみ，各人は有能さと「幸運」（これは厳密に決定されている市場動態にもなおつきまとう不透明さの投下物である）があれば，財産所有者としての，したがって「人間」としての社会的地位——公共性へ参加しうる私人の資格，すなわち財産と教養——を取得する均等の機会をもつことになるであろう．これらの条件は，19世紀の前半においても，決して充たされてはいなかった．……それでも，自由主義的モデルはとにかく相当に現実に接近していたので，市民階級の利益は公益と同視され，第三身分が国民としての確実な地歩をえた．市民的法治国家の組織原理としての公共性は，資本主義のその局面では，信憑性をもっていたのである．だれでもが「市民」たる可能性をもつようになるとしたら，政治的に機能する公共性には市民だけが入場しうるとしても，公共性がこのことによってその原理を喪失することにはならなかったわけである．しかし実はその反対に，ただ財産主だけが，既存の財産秩序の基礎を立法的に保護しうる公衆</u>

第5章　公共圏論における公益事業の位相　　127

を形成する立場にいたのである．ただ彼らだけが，民間領域としての市民社会の維持という共同利害へ自動的に収斂していく私的利害をもっていたのである．したがって，公益の有効な擁護は彼らからしか期待できなかった．というのは，彼らはその公共的役割を行使するために，なんらかの方法で私生活から脱出する必要がなかったからである．……階級的利害関心が公論の基盤である．しかしそれは，あの局面の間に客観的にも公益と少なくとも大幅に合致し，この世論が公論として，すなわち公衆の議論によって媒介され，したがって理性的な論理として通用することができたのにちがいない．もしも公衆が支配階級として自己を閉鎖して公共性の原理をすてざるをえなかったとすれば，公論はすでに当時，強制へ転化していたであろう．……（118-119ページ，原書158-159）

　繰り返しになるが，ハーバーマスの市民的公共性という概念が，その成立要件として財産と教養ある市民の存在を前提していることがあらためて指摘されるとともに，その前提は古典経済学が想定している小商品生産者同士による自由競争社会のあり方に求められていることが明らかとなる．

　　市民的公共性は，国家と社会の間の緊張場面において展開されるのであるが，それ自身はあくまで私的（民間）領域にぞくしている．市民的公共性はこの二つの圏の分離を基盤としているが，この原理的分離とは，はじめには，中世盛期の典型的支配形態の中で統合されていた，社会的再生産と政治権力の連携を分解することにほかならない．市場経済の諸関係が拡大するにつれて，「社会的なもの」の圏が成立してきて，これが土地貴族的支配の境界をつき破って国権的管理形態への移行をよぎなくさせるようになる．生産が交換経済によって媒介される度合いがますにつれて，生産そのものは公的権威から解放され――それと同時に行政の方も生産労働の負担から開放される．民族的領域国家として集中された公権力は，私有（民間）化された社会を土台にしてその上部にそびえたつことになる．社会の交易は，はじめのうちは政府の介入によって統制されることが多かったけれども，それはやはり私的な性格のものなのである．この私生活圏（民間領域）は，重商主義的統制から開放されるにつれて，はじめて私的自律の圏として展開していく．……
　　19世紀末の新しい干渉主義の荷い手となる国家は，政治的に機能する公共性（ドイツではまだすこぶる限定されたものであったが）の憲法化によって

市民社会の利害関係と傾向的に連帯させられた国家である．したがって民間人の交渉過程に公権力がおこなう干渉は，間接には民間人自身の生活圏から発する衝迫を媒介するものなのである．干渉主義というものは，民間圏内だけではもう決着しきれなくなった利害衝突を政治の場面へ移し替えることから生ずる．こうしてやや長期的にみれば，社会圏への国家的介入に対応して，公的権力を民間団体へ委譲するという傾向も生じてくる．そして公的権威が私的領域の中へ拡張される過程には，その反面として，国家権力が社会権力によって代行されるという反対方向の過程も結びついているのである．このように社会の国有化が進むとともに国家の社会化が貫徹する弁証法こそが，市民的公共性の土台を——国家と社会の分離を——次第に取りくずしていくものなのである．この両者の間で——いわば両者の「中間から」——成立してくる社会圏は，再政治化された社会圏であって，これを「公的」とか「私的」とかいう区別の見地のみからとらえることは，もはやできなくなっている．(197-198ページ，原書225-226)

1873年にはじまる大不況以来，自由主義の時代は終わりを告げ，貿易政策にもいちじるしい転回がみられる．……

こうした事態の推移する中で，市民社会は権力の面で中立化された圏であるという外観をあとかたもなく放棄しなくてはならなかった．この自由主義モデルは，実は小規模商品経済のモデルであって，個々の商品所有者たちの横の交換関係のみを念頭において作られていた．自由競争と独立価格が守られるならば，何びとも他人を自由に支配できるほどの権力を取得しえないはずだと説かれていた．……(199-200ページ，原書226-228)

19世紀末以来みられる私圏への国家干渉は，いまや政治参加をみとめられた広汎な大衆が，経済的敵対関係を政治的衝突へ移し替えることに成功するに至ったことをうかがわせる．すなわち干渉政策は，経済的に弱い立場にあるものの利害に応ずる一方で，他方ではその抑止にも奉仕することになるのである．それが双方の集団的な利害のどちらに奉仕しているのかをここの場合について明確に判別することは必ずしも容易ではない．(202ページ，原書230)

国家が国内で警察や司法や，また非常に綿密に運営される租税政策によって果たしてきた伝統的秩序機能，また国際的には軍事力に支えられた外交政策によって，すでに自由主義時代にも執行していた伝統的秩序機能とならんで，今日では計画機能が登場してくる．

第5章　公共圏論における公益事業の位相　　129

……
　最後に国家は平常の業務のほかに，これまで民間人の手にゆだねられてきたサービス給付をもひき受けるようになった．そのために民間人に公務を委託することもあるし，民間の経済活動を枠組計画で調整することもある．公共サービスの部門は，「経済成長がたかまるにつれて私的経費と社会的経費との関係を変化させる要因が力をもってくるので」，いやおうなしに拡大される．……（202-203ページ，原書230）

　<u>私有財産権は上にふれた経済政策的干渉によって制限されるだけでなく，当事者の形式的な契約上の平等を類型的な社会状況において実質的にも復元させるための法的保証によっても制限される．典型的には労働法にみられるように，個人契約に代わって登場する団体協約は，劣勢な当事者を保護する．</u>……自由主義的な国家法学者たちは，この財産権の「空洞化」の傾向に脅威を感じて，今日では財産は形式的に財産所有者のものとされるが実は彼から没収され，しかも補償もなく，法規による収用手続きの保護もないままにされていると指摘しているほどである．……
　最後に私法体系は，公権力と民間（私）法人のとの契約の数が増すにつれて，穴だらけになる．国家は民間人とギヴ・アンド・テイク（do ut des）のベースで契約する．当事者間の不平等，一方の他方に対する依存関係は，ここでも厳密な契約関係の基礎を解消させる．そこに残るものは，古典的モデルにてらせば，擬似契約でしかない．今日諸官庁がそれぞれの福祉国家的任務を遂行するときに法律的規範を大幅に契約という手段によって代替する場合，これらの契約はその私法的性格にもかかわらず<u>準公的な性格</u>をもってくる．
　国家が公法から「蒸発」し，公的行政の任務が私法的な企業，施設，団体，半官的業務担当者へ委譲されるにつれて，私法の公法化ということの反面，すなわち公法の私法化という面も現れてくる．ことに公的行政自身がその配給的，保障的，助成的サービスにさいして私法的手段を用いるときには，公法の古典的基準は崩れていく．なぜなら，公法的組織化もたとえば自治体的供給者がその「顧客」と私法関係を結ぶことを妨げることはできないし，このような法関係の大幅な規制も，その私法的性格を排除することがない．
……公益の公法的契機（publizistische Moment des öffentlichen Interesses 筆者）は，資本集中と干渉主義によって国家の社会化と社会の国家化の交流

過程からひとつの新しい圏が出現してくるにつれて，契約的方式の私法的契機と結びついていく．この新しい圏は，純粋に私的な圏として理解することも，生粋の公共的な圏として理解することもできない．(205-207ページ，原書235-237)

以上，やや長い文章の引用となったが，この叙述を通じてハーバーマスが主張しているのは「公共圏と私的領域の交錯」という問題であり，著書のタイトルが「公共性の構造転換」とされる事態の始まりを告げる問題である．これまで見てきたように，「市民的公共性」という概念のよって立つ社会的，政治的，経済的基盤がイギリス，フランスにおける絶対君主制が市民革命によって倒れた後に成立する近代社会を前提としており，その経済的表現が古典経済学の理論として示されていると考えられている．したがって，その射程は，せいぜい自由主義的資本主義，すなわち産業資本主義段階のそれを範囲とすると考えてよいであろう．つまり，公権力から自立した「市民的公共性」という設定自体が時代的制約性を免れないものという認識が彼にあった．

それでは，この「市民的公共性」が独立性を喪失していくきっかけはどこにあるのだろうか．おしなべていえば，国家の干渉政策，とりわけ19世紀末に顕著となる干渉政策の展開がそのきっかけと考えられている．経済的には自由主義から保護主義への展開であり，社会政策の展開である．国家は，警察や司法あるいは外交といった伝統的な秩序機能を担い，それに必要な租税政策を展開するにとどまらず，今や，労働者を中心対象とした広範な社会政策を展開し，地主，農民などの農業関係階層との利害調整を含め，多様な国民諸階層の利害を纏め上げ，調整する任を担わなければならないのである．小商品生産者のみから構成される自由主義モデルによっては説明しきれない複雑な社会関係が現実のものとなり，国家もその現実に対応する必要に迫られたのである．ハーバーマスは，「19世紀以来みられる私圏への国家干渉は，いまや政治参加をみとめられた広汎な大衆が，経済的敵対関係を政治的衝突へ移し替えることに成功する」に至ったとし，ドイツにおける社会主義鎮圧法と社会保険制度の成立を念頭に置きながら，「干渉政策は，経済的に弱い

立場にあるものの利害に応ずる一方で，他方ではそれの抑止にも奉仕することになる」と，この時期の国家の性格を説明している．

　ここで最後に，ハーバーマスが指摘している点で興味深いのは，「私法の公法化」と「公法の私法化」という問題である．私有財産権は「市民的公共性」にとって決定的な位置を占めるものであるのは言うまでもない．しかし，この私有財産権が経済政策的干渉と当事者の形式的平等を保持させようとする配慮のための法的措置によって制限を受けることになる．すなわち，「典型的には労働法にみられるように，個人契約に代わって登場する団体協約は，劣勢な当事者を保護する」ことを可能にする制度である．しかし，他方では，それは，本来雇用主と被雇用者との間の契約であるべきはずのものが，団体協約によって代行されていることになり，それが法的に義務づけられているとしたら，この契約は私法的契約から準公的なそれへと転化している．また，他方で，公的行政がさまざまな給付行政を展開する際に，「顧客」と私法的関係を結ぶことが増えてくる．ハーバーマスによれば，このような「国家の社会化」と「社会の国家化」の交流，交錯から生み出される圏は，「公」とも「私」とも規定できないとされる．

　ここでの問題は，労働法において，なぜ個人契約ではなく団体協約という形をとるのか，私有財産権の侵害であるとの指摘を斥け，個人ではなく団体に契約締結者としての地位を与えうる根拠がどこにあるか，という点である．あるいは，より本源的には，資本という財産権者に対して相対的に弱者とされる労働者に団結権を認め，その集団的行為（団体協約を含め）に社会的正当性を与えているのは何か，それは社会・国家にとっての共同の利益，そう言ってよければ「公益」ゆえに認められると，考えてよいのかということである．問題を，より一般的に立てるとするならば，社会・国家にとって必要であり，それが構成メンバーにとって共同の利益と考えられるならば，私有財産という「私益」は制限を受けるのはやむを得ないとすべきか，ということであろう．

かつては文芸的公共性として政治的公共性から区別できたものは，文化を論議する公衆から文化を消費する公衆にいたる途上で，その固有の性格を喪失した．すなわちマス・メディアによって普及された「文化」は，統合同化の文化である．それは情報伝達や論議という政治的形式を心理的大衆小説の文芸的形式と統合して，「人物実話」(human interest) を基調にする娯楽や「身上相談」にするだけではなく，同時に広告の要素も吸収し，それどころか一種のスーパー・スローガンとしてはたらいて，現体制そのものの宣伝目的のために必要ならばただちに発明されるほどの弾力性をそなえている．……
　市民的公共性のモデルは公的領域と私的領域とのきびしい分離を基準にしており，そのさい，公衆として集合した私人たちの公共性は，国家を社会の要請と媒介しながらも，それ自身は私的（民間）領域に属していた．しかし公的領域と私的領域の交錯が加わるにつれて，このモデルはもう適用されえなくなる．すなわちそこには，社会学的にも法律学的にも公私のカテゴリーには包摂しきれない特殊な，再政治化された社会圏が成立しているのである．この中間領域では，社会の国家化された領域と国家の社会化された領域とが，政治的に論議する私人たちによる媒介なしに浸透しあう．……政治的重要さをもつ権力行使と権力均衡の過程は，民間の管理部門，団体，政党と公的管理当局との間で直接おこなわれる．公衆自身はこの権力循環の過程の中へ散発的に，それも事後承認のために，引きいれられるにすぎない．(231-232 ページ，原書 267-268)
　……公的領域と私的領域との統合同化に対応して，かつて国家と社会を媒介していた公共性は解体した．この媒介機能は公衆の手を離れ，たとえば団体のように私生活圏の中から形成され，あるいは政党のように公共性の中から形成されてきて，今や国家装置との共働の中で部内的に権力行使と権力均衡を運営する諸機関の手中に渡ってゆく．そのさいこれらの機関は，これまた自立化したマス・メディアを駆使して，従属化された公衆の同意を，あるいは少なくとも黙認を取りつけようとする．……批判的公開性は操作的公開性によって駆逐されるのである．(233-234 ページ，原書 270)

　以上，ハーバーマスの叙述に基づきながら，「市民的公共性」という概念がいかなるものかを考察してきた．この概念を基礎として，現代社会における「公共性」について考察することは，彼の概念規定のもつ内容を押さえた上でという条件の下である程度可能であろう．しかしながら，言うまでもな

第5章　公共圏論における公益事業の位相

いが，ハーバーマスの規定する「公共性」はそれ自身明確な歴史的規定性を有していることを忘れてはならない．その点を踏まえ，各論者が絶えずその規定性の何たるかを再吟味しつつ作業しなければならない．たとえば，「市民的公共性」というときの，「市民」という概念自体が既に歴史的なものであり，超歴史的な一般的市民は存在しない．このことを無視して「市民的公共性」を云々するのは問題があろう．ハーバーマス自身が，1990年に同書の第2版に当てた序文の中で，次のように言わなければならなかったのである．

　<u>社会国家的な大衆民主主義は，その規範的な自己理解にしたがえば，政治的に機能する公共圏の要請を真剣に受けとめるかぎりでのみ，自由主義的な法治国家の原則と連続性を保っているといえるだろう</u>．だが，もしそうであるならば，「組織に従属した公衆が，こうした組織をつうじて公共的コミュニケーションの批判的過程を押し進める」ことが西欧型の社会のなかでいかにして可能であるのかが示されなければならない．そしてこの問題提起によって，私は本書の末尾で，たしかにふれてはいるがもはやしかるべく扱っていない問題に投げ返されることになった．「多様な利害が互いに競合して止揚されえない以上，……公共的な意見（世論）は，みずからの尺度を見いだして，いつの日にかそこから普遍的な利益を引き出す，ということは疑わしくなっている」のであるとすれば，『公共性の構造転換』の同時代の民主主義理論への貢献は怪しいものだったといわざるをえない．……
　私が公共圏の構造転換を研究していた当時の民主主義への視角は，民主主義的な社会的法治国家は社会主義的な民主主義へとさらに発展するというアーベントロートの構想に負うところが大きかった．……<u>社会全体は法と政治権力というメディアを介して自己自身へはたらきかけるようなひとつの大きな結社としてイメージできるという仮定は，機能的に分化した社会の複合性の度合いを考えるとまったく説得力を失ってしまった．とりわけ，社会化された個人がひとつの包括的な組織の成員のごとく所属する社会的全体というような全体性優位のイメージは，市場に制御された経済システムや権力に制御された行政システムといった現実の前に退けられてしまう</u>（xxiv-xxvi, 原書33-35）．

したがって，ハーバーマス自身は，自らの「市民的公共性」概念が歴史的にどのように形成されてきたか，また，いかなる時代条件の下で，どのようなパースペクティブで用いているのか，という自己抑制と反省を絶えず行なうことを忘れてはいない．1990年版の序文は，そのような著者の姿勢を再確認したものとなっている．とりわけ，2版を出版する，重要な契機となった，いわゆる「東欧革命」が「市民的公共性」概念の再規定にとって重要であったことに留意すべきであろう．

ハーバーマスは東欧革命について次のように述べている．

> 市民社会(ツィヴィール)という概念の株価が急上昇しているが，これはとりわけ国家社会主義体制の批判者たちが，全体主義による政治的公共圏の破壊にたいして加えた批判によるところが大きい．そこで重要な役割を演じているのは，ハンナ・アーレントによって展開された，コミュニケーション的な理論を背景として把握された全体主義の概念である．さまざまな自律的な公共圏は意見形成をおこなう結社(アソシエーション)を中心としてその周囲にかたちづくられうるが，アーレントの概念を下敷きにすると，市民(ツィヴィール)社会のなかでなぜこうした結社(アソシエーション)が傑出した地位を占めるのかが理解できるようになるのである．全体主義の支配が諜報機関組織の監視下に隷属させるのは，まさにこうした市民のコミュニケーション的実践にほかならない．東欧や中欧での革命的変化は，このような分析を裏書きした．こうした変化が《公開性》(グラスノスチ)を標榜する改革政策によって引き起こされたのは，単なる偶然ではない．あたかも社会科学上の大規模な実験がなされたかのように，平和的に行動する市民運動の圧力が増大することによって支配装置が革命を被るという事態の範例は東ドイツで見られた．そして，こうした運動のなかから，国家社会主義の廃墟のうちですでに目立つようになっていた新しい秩序の下部構造(インフラストラクチャー)がまず形成された．革命を先導したのは，教会，人権擁護団体，エコロジーやフェミニズムの目標を追求する反体制サークルといった自発的な結社(アソシエーション)だった．こうした結社(アソシエーション)がもつ潜在的な影響力に対抗する全体主義的な公共圏は，最初から暴力的に固定されるしかなかったのである（xxxix-xl，原書47）．

ここでハーバーマスが述べているのは，《市民社会（Zivilgesellschaft）》の再発見というテーマに関わる東欧革命の意味である．これまでのハーバーマ

スの引用の中で,「市民社会」という表現が用いられたのは,基本的には市民社会＝die bürgerliche Gesellschaft という歴史的に規定された狭義の意であって,ここでの市民社会＝Zivilgesellschaft とは異なる.この点について,以下若干補足しておこう.

ひとつは,「市民社会」という語の原語であるが,『公共性の構造転換』において用いられているのは,基本的に「市民社会」(Bürgerliche Gesellschaft) という語である.つまり,市民はブルジョアジーと等置されていた.しかし,市民社会が産業資本主義的に編成されてくるとともに,この市民の構成メンバーの拡張の問題が生じる.ブルジョアジーでないものが市民とされるプロセスが始まるからである.ここに新しい市民概念の必要性が生まれるが,これを端的に表現することになるのが,「市民」(citoyen, citizen) であり,市民社会 (civil society) である.このドイツ語表現が Zivilgesellschaft ということになる.ハーバーマスは,この新しい「市民社会」について,「この Zivilgesellschaft の制度的核心を成すのは,国家的でも経済的でもない結合関係,つまり人間の自由意志に基づく結合関係である」とし,さまざまな団体を列挙するオッフェの主張を紹介している[14].

今ひとつは,ハーバーマスの用いる「公共性」概念が,事柄の性質を伝える概念というよりは,「広場」「サロン」あるいは議論を戦わせる場それ自体やそれを媒介する,新聞などのメディア空間といったように,広い意味での「空間」を示していると考えられる.ここから,彼の「公共性」を,むしろ「圏域」「圏」として捉えるべきだとされ,「公共性」に代えて「公共圏」という表現が用いられることになる.こうした指摘は花田氏によって行なわれている[15].

3. 公益事業概念とハーバーマスの公共性論

これまで見てきた,ハーバーマスによる「市民的公共性」あるいは「公共圏」という概念が公益事業における「公益」概念といかなる関係にあると考

えられるか，この点について若干の展望的見解を述べておきたい．

すでに指摘したように，ハーバーマスのこの概念は法律・政治学や社会学あるいは哲学という領域における議論が中心であって，ここから直接，公益事業といった具体的経済的分野における概念との関係を云々することはできない，という立場があり得よう．しかし，筆者はむしろ，公益事業論は単なる事実記述的学問ではないと考えているし，また，その形成の歴史を見ても，公益事業概念はすぐれて制度的概念として形成されてきたものである．したがって，むしろ，積極的にこれら隣接諸社会科学との連関性を求めるべきであると考えている．

このような立場から，改めて，ハーバーマスの主張について，特に公益事業との連関を意識した場合，次の点が注目されよう．

第1に，「公共圏」が「上的公共性」あるいは「公権力」から自立した場，圏として設定されていることである．公益事業や公益企業がなぜ「公益」「公共の利益」を標榜しうるのか，それは国家政府など公共機関から公的規制を受けているからではなく，公益企業自体がすでに市民（消費者）との関連において1個の「公共圏」を成しているという理解がそこから導き出される．

第2に，井戸や広場といった，市民の共同生活（共同生産）の場，圏が公共空間であり，「公共圏」である．そして，そこにおける諸施設の共同利用のあり方あるいはその原理が公共性である，とハーバーマスは言う．公益事業におけるインフラ設備を中心とした全システムは，まさに彼が言うところの市民の共同利用設備であり，「公共圏」であると，考えられよう．

第3に，市民の構成メンバーはいかにして確定されるか．筆者の印象では，ハーバーマスの公共性概念の一番のネックはここにあるように思われる．この点を，公益事業の問題に照射してみると，次の点が見えてくる．公益企業にとって，顧客とは一般家庭から大口需要家まで多様であるが，公益企業が「公益」企業と認識されるのは，あくまでも個々の市民（自然人）にとっての共同利用の施設という位置づけにおいて，ということであろう．そして，

基本的には，この利用資格は無差別であって，特定のメンバーが排除されることがないものである．

　第4に，共同利用のあり方について市民間の合意形成へ至るプロセス，したがって，そこでのコミュニケーション過程を重視するハーバーマスであるが，この過程が複数の利害所持者による対立を調整し，最終的合意を実現できる究極の根拠は何か，この点については，十分納得的な説明がない．それが人と人との信頼関係，誠意ある対話にあるといったのは，「蜂の巣城問題」における広木重喜氏であった[16]．ハーバーマスの議論にも，最終的に人間の理性，感性における「善」に信頼を置くところがあるように思われる．公益事業にあっても，結局はそこに行き着くプロセスが用意されており，商品売買の契約関係と最大限利益を追求する貨幣欲に規定された「経済人」モデルの設定では，最初から割愛される領域が公益事業にとっては不可欠なものとして存在していると考えられる．

　このように，ハーバーマスの「公共圏」と「公益事業」との概念交流を考えるとき，筆者には，かつて縄田栄次郎氏によって指摘されていた次のような点が想起されるのである．「アメリカにおける Public Utility の企業形態論的特質の一つは，それが『私企業』であるということである．……島国的狭隘と単一的民族性にもとづく『国家公共性』の伝統は，日本における経済的秩序においても，西欧的個人主義にもとづく『社会公共性』を育成したとはいえない．官尊民卑の遺制は，国有，公有，公営に対する無批判な追従を定式化し，私企業に対する侮蔑とともに，公企業に対する理由なき信頼を伝習化している．……アメリカにおける Public Utility の発生史が語るように，『グレンジャー運動』の政策的課題は，鉄道資本の独占に対する『ユーザー』としての農民の抵抗であった．その後の制度的発展の歴史も，また，『消費者利益』に立つ独占支配への規制を内容とするものであった．……それは，『消費者行政』に連なるものであり，経済政策の分野よりも，むしろ『社会政策』の分野に位置づけられる政策的機能をもつものである．……『消費者運動』，『地域住民運動』，『土地問題』，『公害問題』などの現状を考えるとき，

公益産業政策は，その本質的な概念規定を再検討しなければならない．その要請に応えるものとして，筆者は，利害諸集団の共通の運命に統括するという意味において，『導体を媒介とする封鎖的地域社会』という概念を提唱するものである．……公益産業を生活基盤とする近代的都市生活を，単なる消費者と生産者の利害相克の場としてではなく，固定的導体（電線，ガス管，水道管，鉄道など）を媒体とする生産者と消費者の直接的地域社会と考えるものであり，その経済生活の継続は，日々の共同努力によって初めて保証されるものとして構想されている」[17]．

同書において展開されている公益事業概念の検討過程をたどってみれば，縄田氏の公益事業研究のスタンスがよく理解できるであろう．ハーバーマスによる公共性概念追求とは本来まったく別の領域でなされた業績であるが，そこに相通ずる概念の交流を見ることができたのは筆者にとって大きな収穫であった．電気事業等を担う公益企業が，なぜ「公益」を看板に掲げるのか，必需品という社会経済的に重要な商品サービスを生産提供しているからという説明では済まされず，人間社会の歴史過程に根ざした，より本質的な生産関係をそこに見ることなしには，この問題に答えることはできない．しかしながら，公益事業研究において，このスタンスを維持しながらダイナミックな展開を遂げつつある現実世界を追究し続けることは，これまた困難な課題であることを自覚しなければならない．言語的な類似性を除けば，直接的には，その関連性を求めることが疑問視されるかもしれない，本章のテーマ設定であったが，筆者としては，公益事業研究を進めていく上での，有益な観点をそこから学び得た，と考えている．

4. 公益事業論における「公益」

(1) 公益事業概念の形成

第4章第3節で見たように，アメリカにおける電力自由化の最新局面においても，電気事業がかつて「公益事業」とされた背景や根拠を再吟味しなけ

ればならない事情が発生していることを確認できよう．「自由化が徹底して十分に行われていないから，このような事故が起きる」と，いっそうの自由化政策推進を主張する論者はなお多いが，停電（事故）の社会的影響の大きさから考えても，今一度立ち止まって1国あるいは国際的な電力供給システムと最終消費者への供給システムを検討することが必要であろう．その際，結局はまた，電気事業がなぜ「公益事業」と規定されたのか，その「公益」とはいかなる意味かを捉え返さなければならないのである．ここでは，北久一氏による整理に依拠する形で，公益事業概念の形成過程を簡単に振り返っておこう．

　アメリカの公益事業（public utilities）概念の源は1877年の「マン対イリノイ事件」に関わる連邦最高裁判所の判決にある．この判決の中で，一定の事業活動について，それが「公益に責務を負う営業（business affected with a public interest）」であるとき，そのような事業は「公益事業」であるとされたのである．それでは，「公益に責務を負う」とはいかなる意味においてか．イリノイ州議会は，1871年に鉄道業や倉庫業などを対象として，公正料金と公正サービスをうながすための立法的権力を行使した．当時，シカゴ市の湖岸には穀物の積み下ろしのための施設が並んでいて，中西部諸州の農産物は，いったんシカゴに集荷され，そこからアメリカ東部やヨーロッパなどに運ばれる仕組みであった．したがって，農業生産者はここを通過することなしには基本的に農産物を東部市場等に出荷できない構造になっていた．逆に言えば，これら生産者に対して，倉庫業者は流通経路を押さえる形になり，利用価格などの交渉上優位に立つことになる．これに不満をもった農業生産者などが事態の解決のために社会的に行動することになる．これが対鉄道業に向かうのと軌を一にする，いわゆる「グレンジャー運動」である．州議会の立法はこのような情勢を反映したものと言える．中心倉庫業者たるマンと立法当事者たるイリノイ州当局との訴訟がここに始まり，1877年の判決を見ることになったのである．判決は，「西部の7ないし8の大きな州の莫大な小麦産物が海岸地方の4州あるいは5州へ向かう途中に通らなければ

ならない一切の揚穀機施設は，一つの実質上の独占であることは明らかである．揚穀機は通商の関門に立ち，すべて通過する者から通行税を取っている．各ブッシェルの穀物は，その通過に対して通行税を支払い，この通行税は一つの公衆課税である．そのような倉庫業者は公共的規制の下に置くべきものであって，倉庫業者は単に合理的通行料だけを取得すべきである」と述べ，イリノイ州の立法を好ましいとした．

問題は，さらに，このような立法が私有財産権を侵害することになる点を，いかに憲法との整合性をもって説明したか，ということである．同じく，判決は，「われわれが社会の一員となる場合は，当然に若干の権利，あるいは特権から手を切らされる．このことは，何も本来純然たる，そして専ら私的なものである権利を拘束するために，権力を全体の人々に付与するものに非ず，そうではなくて，各市民が彼自身の財産を，いたずらに他人の財産を害わぬように，彼自身，身を処し，そのように彼自身の財産を使用すべきことを要求する法律の制定を権威づけるものである．このような権力の下に政府は，規制が公共的善（public good）のために必要となった場合に，その市民の行動を相互に規制するのであって，各人が彼自身の財産を使う仕方を拘束するのである」，と述べている．これ以来，アメリカにおける「公益原則」はこの判決を拠り所として一般化することになる．当時はまだ，電気，ガス，電話等は事業として存在していなかったが，順次「公益事業」として組み込まれることになる．その際の，いかなる産業が公益事業となるかの判断基準は，基本的に必需性と独占という点にあった[18]．

このように，アメリカの公益事業概念は制度的な概念であり，司法優位のアメリカ的な概念であると，ひとまずは言えよう．北氏は，またグレーザーを引きながら，「経済的必需の提供のために政府のイニシアティブを求めることを普通とするような社会においては，その施設は『公共的機能』として提供されるであろう．それに対して，そのような『共通の必需』を提供する機能として国家のイニシアティブを不可とするような社会，また，共同的な私的活動としての会社形態が発達してきた社会では，『共通の必需』の供給

は,営業特権の下に置かれた私的経営に委せられる」[19]ことを指摘している.この指摘は,電気,ガス,鉄道などの分野において,ヨーロッパ諸国では自治体や国による公企業形態が主流となっていたのに対し,なぜアメリカでは私企業による「公益事業」という形態をとったのかを説明するものである.アメリカでは,企業経営の自由がもっとも大事にされる原則であり,企業家がその取引相手を選択し,その契約内容を定めることも自由であるとの,考え方が一般的である.したがって,「共通の必需」といった社会にとっての必需品供給についても,公企業など公的機関によるのではなく,原則私企業に供給を委ねる方式を採用することになったと言えよう.しかし,当該企業は必需品供給を行なうことから,顧客に対して常に優位な立場に立ち得るので,公正競争上,これを公的機関によって規制することが必要であると考えられたわけである.加えて重要なのは,こうした必需品供給企業が,多くは「独占的」事業者となっている点である.独占の意味は2つのケースから考えられる.1つは,市場における経済活動の結果として独占的地位を享受するようになった場合であり,いま1つは,政府や自治体による許認可等によって法的に独占が形成される場合である.前者は,市場競争の中から生まれる私的独占であり,後者は法的に公認された法的独占ということになる.いずれにしても,これら独占が有する市場支配力に対して,公正競争上一定の規制が必要とされるが,同時にこのことが私有財産権とぶつかることになる.

　私有財産権と契約自由原則に対して,これを規制し,制限することの正当性という問題に即して公益事業を考える意味で,以下,よく知られている「オッターテイル電力事件」を素材に取り上げ,検討しておきたい.

(2) オッターテイル電力事件の概要

　まず,オッターテイル電力事件について,浅賀幸平氏の研究に依拠しつつ,その概略を見ておこう[20].

　オッターテイル電力会社は,1910年,ミネソタ州で設立された.供給区域は,ミネソタ州西部,サウスダコタ州北東部およびノースダコタ州東部を

含み，系統は，そのほとんどが人口 1,500 人未満の 465 市町村に小売り供給する，およそ 5,900 マイルの州際送電線からなっている．……アメリカ中西部の農村地帯を供給区域とする，このごく小規模な私営電力会社であるオッターテイル電力会社と，ミネソタ州のエルボーレイク，ノースダコタ州のハンキンソン，サウスダコタ州のコールマン，そしてオーロラの 4 自治体との間で事件は争われた．このうち，コールマンとオーロラは他の電力会社から供給を受けることで決着がつき，またハンキンソンでは後日，当局の方針が変更されたことから，最終的には，その設立趣旨を果たして，公営電力系統を設立したのはエルボーレイクのみである．

　1949 年 9 月 2 日，エルボーレイク村では，村民の特別投票が行なわれ，その結果，公営電力系統の設立が認められた．すなわち，村当局は，1940 年 7 月 30 日，オッターテイル電力会社に対して向こう 20 年間のフランチャイズ（営業特権）を付与していたが，期限半ばにして，「1960 年 7 月 30 日以降は，独自の公営電力系統を設立する」との決定がなされた．

　エルボーレイクは当初，独自の電力系統が完成するまでは，オッターテイル電力の卸売り供給に，また完成後は開拓局の送電とオッターテイル電力の融通に依拠しようと考えていた．しかし，オッターテイル電力はこれを拒否した．エルボーレイク村は，1966 年 3 月，連邦動力委員会に，連邦動力法に基づく連系命令を依頼し，連邦動力委員会は，これを認めた．

　事態を見守っていた司法省トラスト部は，1969 年 7 月，オッターテイル電力の行為はシャーマン法第 2 条に違反する疑いがあるとして，連邦ミネソタ地方裁判所に告訴した．これを受け，同裁判所は，1971 年 9 月，司法省の訴えを全面的に認める判決を下したが，オッターテイル電力はこれを不服として連邦最高裁判所に上告した．その後，1973 年 2 月 22 日，連邦最高裁判所は同社に対してシャーマン法違反の判決を下したのである．

(3) 事件の背景

　アメリカにおける公営電気事業者数は，1923 年の 3,083 をピークとし，

その後，持ち株会社による吸収合併が進んだことから，急速に減少した．1996年現在で，公営電気事業者は，およそ1,800あまりとなっており，その他協同組合営の事業者が約900存在する[21]．各自治体の電気事業に対する興味は，財政負担が比較的軽い配電事業への傾斜となって現れたのであるが，必要とされる電源は，連邦政府機関による急速な電源開発に依拠することができた．このように，アメリカにおける公営電気事業者は，1920年代のピーク時に比べれば，明らかにその役割を低下させている．しかし，それでも協同組合営のものを含め，なお2,700あまりの地域電気事業者が存在している事実を無視してはならない．とりわけ，それらが最終需要者たる地域自治体とその住民にとっての必需財たる電気供給に関わっているだけに数以上にその内実が問われるべきであろう．この点を念頭に置きつつ，以下事件の背景について考えてみたい．

　アメリカ中西部地域は，かつてのグレンジャー運動の中心であり，二大政党の向こうを張って農民を中心として結成された人民党の基盤地域であった．このような風土を背景として，この地域では，20世紀初頭から，安価な肥料と安価な電力を望む空気が強かった．この結果，この地域は，アメリカの中では公営電力系統の比重の高いところとなっていたが，その遠因は，TVAや農村電化法などの成立以降，従来私営電力会社が手をこまねいていた大規模な水力の開発と農村地域での電化が急速に進められてきた点にある．従来，私営電力会社を中心として進められてきたアメリカの電気事業がこのような公的な電力開発と公営電力の展開という新たな要素が成長するに伴って，電気事業における「公」と「私」の対立協調の時代が出現していた．オッターテイル電力事件の背景にかかる事態が存在していたことに留意すべきことを浅賀氏は指摘している．

　したがって，このケースでは，私営電力会社の送電線に対するアクセスを求めたのは自治体ないし公営電気事業者であるが，公営電気事業者の背後には自治体住民が直接控えているという意味で，いわば自治体住民の直接的利害を代表するものとしての自治体なり公営電気事業者の存在があった．この

ような一般消費者たる顧客からのアクセス要求に対して，電力会社はこれを拒否したり，差別したりできない，とするのがアメリカにおける「公益原則」の基本的理解であろう．オッターテイル電力が当該地域において独占的地位を有し，それに基づいて不当な取引拒絶を行なっている，というシャーマン法違反問題は，それをさらに補強する論理を与えている，と考えられる．

　以上のような指摘から，オッターテイル事件の背景に，アメリカにおける地方公営電気事業あるいは組合営電気事業，それゆえ，これら地域に根ざした弱小電気事業と自治体にまたがって営業活動を行なう比較的規模の大きい私営電気事業者との対立という問題が介在していたことが垣間見えてきた．しかし，アメリカの電気事業史研究においては，これら弱小電気事業の役割と私営電気事業者との対立の問題は必ずしも十分議論されてこなかったように思われる．筆者も，ようやくその糸口に差し掛かった段階であるが，R. ルドルフおよびS. リドレーによる著作は，この問題の解明に大きな示唆を与えてくれている．彼らによれば，電気事業における州公益事業委員会による規制は，自治体による電気事業経営の増大や影響力拡大の排除を意図したものであり，自治体住民にとって単純に「公益」にかなうと考えられてはならない，という．したがって，そこには，電気というサービス供給をめぐっての私営電気事業者と自治体ないし公営電気事業者との対立・抗争という運動軸が存在するのであり，アメリカ公益事業概念の成立過程に対しても，この視角から照射してみる必要性があると思われる．州公益事業委員会による規制が，私営電気事業者に対する「公的規制」となる要素を一方で有しながら，他方で，その私営電気事業者の営業を支える役割を担い，場合によっては「公営事業者」を押さえ込むのに与って力があった[22]，という彼らの指摘は，発電・送電・配電を一貫して展開してきた私営電気事業者のみを「公益事業」の担い手として説明する議論を公営事業サイドから補強する必要を示唆しているのである．

(4) エッセンシャル・ファシリティ問題

オッターテイル電力事件において,連邦ミネソタ地方裁判所は当該電力会社の行為がシャーマン法違反であるとの判断に基づいて,配電会社への卸電力の販売を拒否しないこと,配電会社への他の発電業者からの託送を拒否しないこと,発電業者との間で託送先を制限するような契約を結ばないこと等の命令を下した.この場合,エルボーレイク村の配電事業にとって,オッターテイル電力から村営配電事業までの送電線はエッセンシャル・ファシリティ(不可欠施設)にあたるかどうかという問題がある.

丸山真弘氏は,オッターテイル電力の他,アナハイム事件,メルデン事件,マッセナ事件等について検討を加えた結果として,一般的には,1) 自治体の配電会社に対して直接電力を供給するための送電線については,不可欠性が認められる.一方,電力会社が合理的な条件で卸電力の供給を行なうとしている以上,より安価な電力を受給するために発電業者と電力会社の間の送電線の利用を求めても,当該送電線は自治体の配電会社にとって不可欠なものとは言えない.2) 送電線を利用させることが自社の経営を圧迫し,結果的に需要家や株主に損害を与えることになるという理由だけでは利用を拒絶する理由とは考えられない.これに対して,電力会社が一定の合理的な技術的要件とそれに対応した利用に関する料金等を定めている場合,技術的要件を満たさない特別な事情があるにもかかわらず,他の技術的要件を満たしている自治体と全く同じ条件で利用させることを求めた場合は,電力会社がそのような条件での送電線の利用を拒絶することは正当な事由がある,とまとめている[23].

同じく,エッセンシャル・ファシリティ論の要件について,詳細な検討を行なっている藤原淳一郎氏は,次のように整理している.1) 設備は不可欠であること.一種の競争上の優位性というだけでは不十分である.2) 被告が市場力を有する市場における競争のために,原告にとって当該設備が必要でなければならない.3)「設備」は資源である.判決は設備を物理的意味での設備に限定していない.4)「設備」は「合理的」複製可能性があってはな

らない．判決は物理的または財務上の複製不可能性を要求はしない．「取引の規模からして，そのような複製が容易とするのが不合理である」ことで十分である．5) 被告は単に合理的な選択肢を提供することが必要である．……6) 被告は設備使用に対して合理的な補償への権限がある．7) 設備提供の実行可能性は，起こり得る被告自身の操業混乱と結び付けられる．

　このように，電気事業設備，とりわけ送電設備についてこれをエッセンシャル・ファシリティ（不可欠施設）であるとし，これにオープン・アクセスを認める場合の要件，あるいは逆に接続不可とする場合の要件等について，その法的措置や解釈が固まりつつあるようにも見受けられる．しかし，藤原氏が指摘するように，従来のどの判決がエッセンシャル・ファシリティ理論に根拠を置いたものかということ自体が定かではなく，なお多くの論点が未解決のままである[24]．したがって，エッセンシャル・ファシリティ論自体まだまだ研究の余地がある議論であり，私営電気事業者の送電線設備を他の電気事業者に開放することが論理必然的に導かれる保障を，われわれはまだ得ていないと考えるべきであろう．

(5) 送電管理中立機関

　すでに各国における，ガスおよび電気市場の自由化の進展に伴って，事実上，ガスパイプラインや送電線がオープン・アクセス化され，電気事業においては，その送電線の中立的系統運用のため「独立系統運用者」ISO（Independent System Operator）が設立されている．このような機関の設立は，私有財産権の制限の下に，設備の共同利用者による「共同管理機関」の確立という意味で捉えれば，新たな市民的公共性につながる試みということになる．しかし，これを私的会社による独占的管理機関（トラスト委員会のような）の設立とみなせば，私的電気事業独占の再構築ということになり，もっぱら「私的」利害に基づく組織機関という意味では，「公共」にはつながりにくい．また，逆に，こうした機関に，国家・政府の干渉・規制機関としての性格を持たせれば，それは，かつての「公的機関」に近づくことになる．

したがって，ISOがいかなる組織として形成されるか，独立した私的会社組織なのか，それともこうした会社の共同委員会なのか，はたまた会社以外の法人団体なのかといった組織上の問題が重要である．また，この組織がどのような機能を担うのか，送電管理組織の役割が，単なる「交通整理」ではなく，発電命令や停止命令，あるいは送電線建設を含むとしたら，その権限と資金はいかにするのか，といった問題がある．この最後の問題が，電力自由化におけるネックになっているとの認識が一般的になりつつある．最後に，本章の問題設定に即して言えば，この組織を「国家」「公」的権力から自立したものとして形成するか，それとも，国家的公共団体による公的規制機関として形成するか，という問題がある．筆者の見るところ，ISOが最終的に私的領域における社会インフラの共同管理組織の問題として課題設定され，そして，国家等による公的規制がその補完的機能を果たすという姿が「市民的公共性」に最も整合的であるように思われる．しかしながら，ハーバーマス的な「市民的公共圏」が，国家等による公的規制を果たして受容できるスペースを持ち合わせるものなのか，あるいは，国家等による公的規制を「上的公共性」ゆえにあくまでも排除することになるのかどうか，こうした点での検討がさらに追及されなければならない．

わが国の電力自由化のとりあえずの到達点となると予想される2005年度に向けて，電力取引所と日本版中立機関の設立構想が急ピッチで固められつつある．この構想が最終的にどのような姿となるかはまだ紆余曲折が予想され，まだ固定的な段階にはないが，これまで伝えられている情報の限りでは，おおよそ次のようである[25]．

中立機関
○中立機関は，経済産業大臣の定める基準に則った申請に基づき全国に1カ所に限り指定．
○「4グループ（①電力会社・②PPS・③卸電気事業者・自家発設置等・④学識経験者）にて構成」「理事総数は15名以内」「利害関係者グ

ループの総会における議決権は同数」「中立者グループの理事は他の各グループより多数」等については定款または規定に明記．
○理事長は学識経験者が基本．少なくとも1名，業務に精通した者が常勤する体制．常勤理事は理事長が望ましい．
○利害関係者から独立して業務全般をチェックし，必要な提言を行う「評議会」を設置．
○紛争の斡旋，調停のため，ルール策定・ルール監視のための専門委員会を設置．
○中立機関は，設備形成，系統アクセス，系統運用，情報開示に関するルールを策定，紛争・斡旋・調停等を行う．

電力取引所（卸）
○少なくとも最終的には現物提供を伴う現物取引とし，需要家の直接参加はなし．
○既存電力会社は，安定供給確保を前提として，市場に電力をできるだけ投入する．
○スポット市場の毎日30分毎の実績投入量データ合計値について，広く一般に公表．
○取引所内部の専門委員会によって，電力会社が表明した考え方と実際の各電力会社の投入量を検証．
○卸電力取引所の整備に伴い，経済融通と火力全面入札制度は廃止する．

以上は，2003年11月14日の総合エネルギー調査会（経済産業相の諮問機関）電気事業分科会でまとめられた中間報告「電気事業制度の詳細設計に関する課題」の中立機関と電力取引所関連の主な項目である．分科会の中で，どのような点が問題となっているかがこれによって一定明らかとなったが，同時に中立機関の設備形成ルール，系統アクセスルール，情報開示ルール，電力取引所の取引参加資格・取引管理ルールなど，これらの組織・機関の核心部分がなお「今後検討すべき課題」として残されたことから見ても明らか

なように，制度の核心と詳細はなおペンディング状態にあると言うべきであろう[26]．

5. 電力自由化と公共性論

　以上，近年大きな注目を集めている「市民的公共性」あるいは「公共圏」という考え方と公益事業における「公益」「公共性」概念との連関を探ってみた．この作業は，筆者としてもまだ着手したばかりであり，今後に残された課題は多いのであるが，その点は他日を期したい．ここでは，電気事業における最近の事例について，公共性の視角から若干敷衍することによって本章のむすびとしよう．

　わが国においては，2000年3月より，受電電圧2万ボルト以上，契約電力2,000kW以上の大口需要家を対象とする小売電力の部分自由化が開始されたが，すでに見たように，その歩みは推進論者の期待していたレベルに到達しているとは必ずしも言えない．経済産業省は，さらなる小売自由化を目指し，2005年4月には，受電電圧6キロボルト，契約電力50kW以上の高圧需要家までを自由化対象とし，2004年4月には，まず契約電力500kW以上の需要家を対象とする計画である．これによって，2005年までに電力使用量シェアでみて，約62％が自由化対象となることになる．この先に，家庭用を含めた小売り電力の100％自由化が展望されることになるが，ことはそう簡単ではない．大量の家庭用需要家についての計量・料金徴収システムの構築といった技術的問題から，供給信頼度，ユニバーサル・サービスの確保等，公益事業としての電気事業に関わるトータルなシステムと制度構築の問題が残されているからである．この困難さについては，経済産業省も自ら認めざるを得ず，100％自由化の検討そのものを，2007年度以降に先送りする形となった．すでに始まった，大口電力分野における自由化にあっても，参入企業が限定され，期待された外国企業である「エンロン社」が，足元であるアメリカでの経営失敗により日本での自由化に一役買うことができなく

なった．「エンロン社」のケースは「他山の石」というよりは，日本における自由化の問題として肝に銘ずるべきであろう．せめてもの救いは，自由化において日本が1周後れのランナーであったことである．国民生活と産業に将来にわたって影響を与える公益事業の制度設計であるだけに，いっそう慎重に検討される必要があろう．

　電力自由化を考える際に，避けて通れないのが原子力発電所とその使用済み燃料等の処理問題である．すでに触れたように，「東北電力」の巻原子力発電所については，住民投票によって建設反対の意思表示が地元住民によってなされていたが，その後，発電所建設予定地内の町有地の売却をめぐる行政訴訟において，最高裁の判断によっても，推進派が最終的に敗れたため，「東北電力」は建設を断念する見通しとなった[27]．これに先立って，関西・中部・北陸の3電力会社も珠洲原子力発電所建設を中止することを正式に表明しており，わが国の原子力発電所の建設計画は大きな修正を余儀なくされつつある[28]．

　他方，原子力発電所の使用済み核燃料の再処理など，核燃料サイクルを前提にした後処理（バックエンド）費用が，総額18兆9,000億円になるとの試算を電気事業連合会が公表した．1999年に総合エネルギー調査会が試算した原子力発電の発電単価は5.9円であったが，この後処理費用を組み込んだ場合，石炭火力や天然ガス火力と同じかそれ以上になることは必至であり，原子力発電の価格優位性を電力会社自らが否定する結果となった．それでも，環境負荷の点などから総合的な原子力優位はゆるがない，というのが電力会社の主張のようである．今回，電気事業連合会が後処理費用の試算結果を発表した意図は，後処理費用を原子力発電単価に組み込むとどうなるかを明らかにすることではなく，膨大な後処理費用を電力会社だけで負担することが民間企業としては重過ぎるものであり，何らかの国家・政府の補填を求める根拠を示そうとすることにあったのであろう[29]．意図はどうあれ，電力会社が，このような主張をすることになった客観的な背景が重要である．すなわち，原子力発電が後処理を含めれば数万年というオーダーで考えなければな

らない性質をもった問題であり、また、処理費用の大きさからみても、その出発からすでに民間企業が扱うべきエネルギーではなかったということが赤裸々に明らかとなったことである。また、この問題を不問にしたまま、原子力を推進してきた監督官庁とそれに追随してきた電力業界のあり方、そして、その同じ監督官庁が原子力推進と並び立つことが困難な自由化制度を構築するという政策の旗振りを行なうという不見識がまかり通ろうとするこの国の現実があぶりだされたことは確かである。

最後に、今後のわが国の電力システムと供給制度を構築する上でひとつの核心点となると考えられる送電線の中立管理組織の問題について触れておきたい。

もともと、このような管理組織が必要とされるにいたった理由は、電気事業における発電・送電・配電といったトータルなシステムから送電部門を「構造的」に分離するという考え方に出発点がある。逆に言うと、そのような分離は必要がないという考え方に立てば、この問題自体が存在しないのである。もっとも、筆者がこのように言うからといって、垂直統合企業同士の電力融通を筆者が否定しているわけではない。一定の範囲で完結したネットワークを越えた電力融通は従来から行なわれていたし、今後もその意義が低下することはないであろう。一定のネットワーク内での潮流調整を前提としたネットワーク間電力融通の問題とネットワーク境界をはずした形の電力取引問題の間にはなお深く検討されるべき問題が残されているように思われる。その最大の問題は、50, 60ヘルツ変換に伴う両地域間の変換容量の大きさにあるということはすでに見た通りである。筆者は、最終的には構造分離は必要ないという立場であるが、ここでは、一般に提起されている形での「中立管理組織」の立論に沿う形で、筆者の考え方を述べておこう。

アメリカやわが国のように、電気事業が公益民間企業による発電・送電・配電一貫事業として展開されるのが一般的だと考えられている状況では、その送電線が当該企業によって所有・管理されるのは当然である。そして、その送電設備は他の電力設備とともに、当該地域独占区域内の消費者にとって

の共同利用設備となっている．この消費者のうち，ある者が既存電気事業者以外の発電事業者から電気を購入しようとすることから問題が発生する．すなわち，購入にあたって新たな送電線を建設するか，それとも既存電気事業者の送電線を借りるかという選択問題が生じるからである．いわゆる「エッセンシャル・ファシィリティ（不可欠施設）」論は，この際に既存電気事業者の送電線を利用させるための論拠を求める立論である．また，この立論は，同時に地域独占の制限ないし廃絶の議論ともなり，自由化論と裏腹の関係にあることが理解されるであろう．したがって，公益事業を独占禁止法上の適用除外としてきた従来の取り扱いが検討されることになるのは必然的である．

その意味では，この問題は公益事業ないし公益企業概念の根本問題であるのだが，そこまで掘り下げた議論が必ずしも多くはないのは残念である．「マン対イリノイ」事件に端を発するといわれるアメリカの公益事業概念の成立過程を想い起こせば明らかなように，消費者にとっての社会インフラともいうべき共同利用設備を私企業による「私的独占」支配から州ないし連邦政府の監督下にある「公益独占」支配へと組み替えた結果として生まれたのがアメリカにおける公益事業であり，公益企業であると筆者は考えている．この対比で言えば，現在進められている自由化は，この「公益独占」を再び「私的独占」へと転化させ，その所有する設備を新規参入企業に開放する道を歩んでいる，と指摘できる．元来，「消費者にとっての不可欠施設」という意味であったのが，「新規参入企業にとってのそれ」へと転化してしまっているのである．送電線管理における独立系統運用者が既存事業者と新規参入事業者双方から「中立」であるとの理解がそれを証明している．重要なのは，送電線に限らず，電気事業にとってのシステムおよび制度総体が，長年の公益独占体制の下で，すでに地域独占区域内の全消費者にとっての共同利用設備となってきたということであり，そのような地域共同を構成するメンバーにとって「中立」でなければならないことである．現代社会，とりわけもっとも具体的な地域共同社会の構成員たる消費者のことを忘れ，供給者たる企業同士だけで「中立」を云々することからして，すでに「公益」から逸

れ始めたことを示していると言えよう．筆者が，公益事業の本質的なあり方として縄田栄次郎氏の所説に注目し，「公益産業を生活基盤とする近代的都市生活を，単なる消費者と生産者の利害相克の場としてではなく，固定的導体（電線，ガス管，水道管，鉄道など）を媒体とする生産者と消費者の直接的地域社会」あるいは「封鎖的地域社会」という視角で捉える考え方に賛同したのは，公益事業についての本質理解の上でだけではなく，まさにこの概念把握が現代公益事業の核心をもついていると考えたからに他ならない．また，公益事業をこうした視角から捉えていくことが，ハーバーマスによって提起され，時代の共通項になりつつある「市民的公共性」という概念につながる道であると考えられる．

しかしながら，電力自由化の議論とすでに一部始まった「改革」の具体化は，こうした「公益事業」把握を等閑視する形で進んでいるように思われる．それでも，われわれはなお，電力をはじめとしたユニバーサル・サービス供給のシステム制度を「市民的公共性」を担う社会インフラとして将来の世代にも正しく引き渡すべく努力を続けなければならない．

第6章において，郵政事業を素材にしながらユニバーサル・サービスの意味について再考しておこう．

注

1) 小坂直人『第三セクターと公益事業』日本経済評論社，1999年参照．特に序章，終章およびあとがきを参照のこと．
2) 松葉正文氏による同上書に対する書評『立命館産業社会論集』第36巻第1号，2000年6月所収．
3) 樋口陽一「日本国憲法下の〈公〉と〈私〉――〈公共〉の過剰と不在」『公法研究』54号，1992年10月，2ページ．
4) 小林直樹「現代公共性の考察」『公法研究』第51号，1989年．同「現代公共性の諸問題」『専修大学社会科学年報』第25号，1991年．
5) 小坂，前掲書．
6) 山口定ほか編『新しい公共性―そのフロンティア―』有斐閣，2003年．
7) 歴史と方法編集委員会編『日本史における公と私』青木書店，1996年，佐々木毅・金泰昌編『公共哲学3 日本における公と私』東大出版会，2002年．

8) 山本英治編『公共性を考える 2　現代社会と共同社会形成』垣内出版，1982 年，18-19 ページ参照．
9) 同上，19 ページ参照．
10) 同上，45-46 ページ参照．
11) 以下の引用はユルゲン・ハーバーマス著，細谷貞雄・山田正行訳『公共性の構造転換 第 2 版』未来社，1994 年によるが，原書〈J. Harbermas: Strukturwandel der Öffentlichkeit, Suhrkamp, 1990〉ページを対応させてある．下線は筆者による．
12) 大貫敦子「排除された〈私〉の言葉―ドイツ市民社会における公共圏形成の言説とジェンダー――」『思想』2001 年 6 月．
13) 千川氏による図 5-1 および花田氏による図 5-2 を参照．
14) ハーバーマス，xxxviii，原書 45-46，花田達朗『公共圏という名の社会空間―公共圏，メディア，市民社会―』木鐸社，1996 年，164-168 ページ参照．
15) 花田，同上書，26 ページ．
16) 小坂，前掲書，序章参照．
17) 縄田栄次郎『公益産業論序説』千倉書房，1986 年，90-100 ページ参照．
18) 北久一「公益事業とは何か」現代公益事業講座編集委員会『公益事業概論』電力新報社，1974 年所収，41-43 ページ参照．
19) 同上，52-53 ページ．
20) 以下の記述は，浅賀幸平「アメリカ電気事業と反トラスト問題―オッターテイル電力事件を例に―」『公益事業研究』第 26 巻第 1 号，1974 年に主に依拠している．
21) 矢島正之編『世界の電力ビッグバン―世界の電力経営を展望する―』東洋経済，1999 年，109 ページ参照．
22) R. ルドルフ，S. リドレー著，岩城淳子・齋藤叫・梅本哲世・蔵本喜久訳『アメリカ原子力産業の展開―電力をめぐる百年の抗争と 90 年代の展望―』御茶の水書房，1991 年，第 2 章参照．
23) 丸山真弘「ネットワークへの第三者アクセスに伴う法的問題の検討―いわゆるエッセンシャル・ファシリティの法理を中心に―」『公益事業研究』第 49 巻第 1 号，参照．
24) 以上のように，エッセンシャル・ファシリティ（不可欠施設）が独占禁止法との関わりで議論されることは，その議論の発祥の経緯から見ても必然的なことであるが，事柄はそう単純ではない．特に，電気事業という特定の事業分野に関わる「電気事業法」と一般的な競争促進法たる「独占禁止法」との間で，エッセンシャル・ファシリティをどのように規定するか，電力自由化における 1 個の核心問題になりつつある．この分野で系統的に研究を進められている丸山真弘，藤原淳一郎両氏の発言は貴重である．とりわけ，藤原氏の研究については，第 4 章で参照させていただいたものを含め，本章執筆の過程で常に筆者のエッセンシャ

第 5 章　公共圏論における公益事業の位相

ル・ファシリティ理解にとっての指針となってきた（藤原淳一郎「徹底検証！電力・ガス市場から見た独禁法研究会報告の問題点」『エネルギーフォーラム』2004 年 1 月号参照）．

25)　『エネルギーフォーラム』2004 年 1 月号参照．
26)　最後まで詰め切れたとは言えない中立機関あるいは卸電力取引所の制度設計であったが，2005 年 4 月より同制度はとりあえず出発した．制度としての成否について評価するには，時期尚早であろうが，スタートとして順調であるとは言えそうもない．スポット市場の取引が 4 月は 1 日平均 50 万 kWh 弱，5 月は 130 万 kWh を超えたが，その背景には連休に伴う自家発電設備の休止点検によって不足する電力を市場でカバーしようとする動きがあると見られている．したがって，今後改めて安定した市場取引が見込めるかどうかは定かではない．まして，先渡し市場は 4 月以来成約が 1 件にとどまっている（「日本経済新聞」2005 年 5 月 3 日参照）．
27)　「日本経済新聞」2003 年 12 月 19 日．
28)　「朝日新聞」2003 年 12 月 5 日参照．
29)　「朝日新聞」2003 年 11 月 12 日参照．

第6章
郵政事業の公社化と構造改革

1. 郵政公社の成立

　「日本郵政公社法」と「信書便法（民間事業者による信書の送達に関する法律）」を骨格とする郵政関連4法案が2002年7月24日の参議院本会議で与党3党などの賛成多数により可決成立した．これによって，5月21日以降，衆参両院で審議されてきた同法案は一部修正された形で確定し，2003年4月1日には「日本郵政公社」が発足し，同時に郵便事業への民間事業者の参入が実現することとなった．その限りでは，小泉内閣が目指してきた郵政改革の第一歩が記されたと言ってよいかもしれない．しかし，その一歩が，小泉内閣の思惑通り着実に完全民営化の方向を向いているのかと言えば，それもまた疑問である．郵便事業への民間参入の最羽翼と思われていた「ヤマト運輸」が参入を断念したことに象徴されるように，郵便事業参入条件が厳しく，「ヤマト運輸」といえども，そう軽々に事業としての成算を持てないことが理由である．その一方，大元の宅急便事業において「佐川急便」の追い上げもあり，宅急便事業自体における競争の厳しさもある．また，公社化を契機にして，郵政事業の側から，コンビニエンスストアに郵便ポストを設置する動きも急であり，宅急便業者にとって重要な荷物引き取り窓口の機能を果たしてきたコンビニが逆に郵便事業の集配個所としてにわかにクローズアップされる形となっている[1]．これも，郵便をめぐる新しい競争の出現と

言えるが，いずれにしても，郵便事業が国民にとって便利なサービスを提供しようとする努力につながっている限りは，好ましい結果と言えよう．

郵政事業が，これまで郵便，郵便貯金，簡易生命保険等の国民の日常生活に必要不可欠な生活基礎サービスを提供してきたこと，また，国際ボランティア貯金，ひまわりサービス，ワンストップサービスなどの提供を通じて地域社会のコミュニティ機能を担ってきたこと，したがって，郵便局とそのネットワークは国民共有の生活インフラとして地域社会にとって必要不可欠の存在となってきたという事実に照らして，このような制度・組織を維持・発展させることが，国民的利益にかなっていると考える立場から，本章では，2003年4月から発足する郵政公社がかかる立場から見てどのような意味を有するか，若干の考察を行ないたい．その際，「郵政事業の公社化に関する研究会中間骨子案」で展開されている内容をベースに議論することとするが，その案自体多岐にわたり，そのすべてについて言及することはできないので，論点をしぼって議論することとする．

また，ひるがえって，小泉内閣の下で，なぜ郵政事業の民営化が執拗に追求されるのか，その背景を考察するために，構造改革政策との関連で郵政事業を位置づける作業を行ないたいと考える．そのことによって，郵政事業の国民的意義がいっそう明らかになると考えるからである．

2. 郵政事業の公社化をめぐる論点

(1) 郵便局のネットワークについて

郵便・郵便貯金・郵便為替・郵便振替・簡易生命保険を一体的に取り扱う郵便局，とりわけ24,778の総郵便局中18,916を占める特定郵便局がネットワーク維持の要にあることを理解すべきである．

特定郵便局という制度としくみが選挙の際に動員され，特定候補を有利にしており，また「渡し切費」など，とかく不明朗な金銭問題を引き起こす元凶となっているとの指摘がなされる．このような指摘に根拠を与える事例が

全国的に存在することは否定できず，これはこれで是正されなければならないのは言うまでもない[2]．しかし，そのことをもって，特定郵便局を廃止せよ，と主張する人がいるが，それはいかにも乱暴な結論である．明治の郵便制度創生の頃より，特定郵便局が郵便事業ネットワークの全国展開を支えてきたのであり，地域に根ざした郵便事業に内実を与えてきたのである．そして，それは今日，郵便事業ネットワークの入力・出力ポイントとして国民に開かれたネットワーク上の要の位置にある，と言えるのである．宅配業者が自前の窓口ではなく，コンビニなど消費者により近いポイントを取り次ぎ窓口として活用しなければならない事情を想起すれば，この意味が容易に理解されよう．コンビニエンスストアの店頭にポストを置くことによって「ついでの買い物」客を呼び込もうとする，「郵便争奪戦」がすでに始まっている．「ローソンは約7,700の全店に郵便ポストを設置し，元日から利用を始めた．郵政事業庁によると，最初の5日間で利用件数は1日1店舗あたり96通で，普通のポストの年間平均である100通に迫る．年賀状の投函という季節要因はあるにせよ，『店内ポスト』は徐々に浸透し始めた．ローソンの狙いは店の利便性を高めて来店客数を増やし，"ついで買い"を誘い出すこと．コンビニの利用が少ない中高年層を呼び込む効果も見込む．ポストは将来，一般小包の取り次ぎや店内の現金自動預け払い機（ATM）を郵貯と連動させるなどの関連サービス拡大へ向けた布石だ」[3]という．したがって，コンビニエンスストアは，今や，郵政事業と宅配業者双方からの需要家争奪戦の最前線になろうとしているのであり，現代社会における顧客の利便性を考えれば，誰であろうと重視せざるを得ないポイントであろう．

　ちなみに，特定郵便局の生い立ちをたどれば明らかなように，特定郵便局は郵便事業の一種の「民間委託」として成り立ってきたことに留意が必要である．郵便事業における民営化やアウトソーシングがしばしば言われるが，特定郵便局こそ，そのさきがけであると同時に，長い郵便事業の歴史の中でもっとも定着化した制度であるとさえ言えるのである．したがって，公社化に際しても，このシステムを郵便事業の中核的制度・システムとしていかに

取り込むのかが重要なポイントとなろう．ある意味では，ユニバーサル・サービスを維持するということと特定郵便局ネットワークを保持するということはほとんど同義であると言える．したがって，公社化が国民的利益から見て成功であると判断されるかどうかの試金石となるのが特定郵便局ネットワークの帰趨である．

ところで，「ユニバーサル・サービス」という言葉が新聞などのメディアに頻繁に登場するようになったのはつい最近のことである．しかしながら，その意味内容を正確に理解し，他人に説明できる人は専門家を除いてそう多くはないと思われる．実際，この言葉はつい10年前まではほとんど聞かれることのないような言葉であった．こうした事情について，林紘一郎・田川義博氏は次のように記している．

> 「ユニバーサル・サービス」（Universal Service）とは電話事業に固有の概念で，すべての人が，どこに住んでいても，合理的な（安い）料金で，電話の基本サービスが受けられること，を指している．……
>
> いまテレビのクイズでよく見られるように，100人の観客を集めて「ユニバーサル・サービスって何でしょうか」とたずねたとしよう．はたして何人の人が答えられるだろうか．おそらく正解者は限りなくゼロにちかいのではなかろうか．
>
> 世間一般にこの用語が知られていないことは，私たちも十分予見していたところである．ところが，他でもない私たちの勤め先であるNTT社内で同じ質問を試みたところ，なんと大半の若い社員（つまり生まれたときから家に電話があった世代）は，この言葉を知らないという．これにはいささか驚き，また大いに失望せざるを得なかった[4]．

林・田川両氏は，この言葉が『広辞苑』（第4版，1991年）にも『研究社・新英和辞典』（第5版，1987年）にも載っていないことを確認している．筆者も真似して，今度は『現代用語の基礎知識』（2000年版）を調べてみた

が，やはり載っていなかった．したがって，この言葉は関係者やその道の専門家が好んで使うほどには市民権を得ていないと見るのが正しいようである．このように，このユニバーサル・サービスという概念は，誰でもが共通の理解の下で使用する言葉となっているとは，とても言えそうにはないと思われるのだが，その意味内容と同義あるいは類似の言葉が従来公益事業分野で用いられてきたのも確かである．たとえば「あまねくサービス」あるいは「供給義務」である．

　すでに指摘したように，ユニバーサル・サービスという用語は，元来は電話事業を中心とした電気通信事業に固有の概念であったという．また，その際その言葉の含意として，2つの要素が微妙に混じり合っていることが重要であった．すなわち，全国どこにいても，共通のサービスが誰にでも享受可能であるという意味とそのサービスがシビルミニマムとしての必需サービスに分類されるサービスであるという意味である．「あまねくサービス」という言葉自体の中にこの2つの意味合いが混在していると理解してもよいであろう．この2つの要素のうち，どちらが欠けてもユニバーサル・サービスとしては不十分なものとなる可能性が高い．

　2000年7月に行なわれたNTT再編がこの問題をどのようにクリアしようとしたのか，興味あるところである．なぜなら，NTT再編が国民生活にとっていかなる意味を有しているか，これこそがもっとも問題とされるべき事柄であって，その他の問題は，むしろ，そこから派生する応用問題であるからである．ここでは，ネットワーク型の公益事業（電話，電気，ガスなどがその典型）のあり方（競争と独占）の問題，言い換えると，電話事業ではなぜ独占（地域独占）が認められてきたかという問題に関わらせて，若干の考察を加えてみたい．

　もともと，これらの産業の供給する財・サービスは消費者にとって必要不可欠の財となっており，その供給は，必要に応じて，あまねく公平に，できる限り安価になされるのが基本原則であると考えられてきた．いわゆるユニバーサル・サービスの原則であり，公共サービスの供給原則である．したが

って，新制NTTにあっても，地域通信会社はそのエリアにおいて電話をあまねく確保する責務を負う，と念を押されているのである．電気・ガス・水道などの供給責任も同様の考え方によっている．かつて，NTTが郵政省に対して分割反対を唱えていた際の中心的論拠であった．

NTTがこれを依然として本気で守ろうとしているとすれば，それはそれで重要な意味があり，筆者としても，その方向に大賛成である．しかしながら，持株会社制度によって各企業がねらっているのがリストラであり，また採算部門と不採算部門の峻別であり，したがって不採算部門からの撤退という点にあるとすれば，新制NTTがこうしたねらいと無縁であるはずもない．国鉄からJRへの転換過程において多くの赤字路線が切り捨てられ，交通の権利を奪われていった地方住民の困難を想起するだけで，この心配は十分根拠があろう．公益事業におけるユニバーサル・サービス問題は，本質的には，こうした不採算部門をどう扱うかということに，まずはかかっている．また，公益事業におけるユニバーサル・サービスと地域独占形態は，それが民営としているか公営としているかを問わず，表裏の関係にあるということを理解すべきである．

ユニバーサル・サービスについては，歴史的にも，また国によってもその範囲や考え方に差があるのが実情であろう．しかし，最低限，次のような諸点をユニバーサル・サービスの内容としておさえておく必要があるであろう．
　＊居住地域の如何にかかわらず，均質なサービスが受けられること
　＊身体条件や所得条件の如何にかかわらず安価あるいは適正な料金でサービスが受けられること
　＊緊急連絡等，ライフライン機能を担うこと[5]

この3点は，文字通り最低限であり，また，それぞれのサービス内容についても，時代や条件によって広がり得るものである．たとえば，通常の電話サービスだけでなく，インターネット・サービスなどもこれからはユニバーサル・サービスを構成する重要な要素になるであろうし，その場合，学校，図書館，医療機関などはその接続ポイントとして，今まで以上に大きな役割

第6章　郵政事業の公社化と構造改革　　　　　　　　　163

を果たすことになるであろう．いわゆる情報弱者にたいする，通信機器の支給や通信料金の割引なども，当然視野に入ってくるものである．

(2)　公社のあり方について

　郵政事業の全国ネットワークを維持するという立場から見て，「行政改革会議最終報告」(1997年12月3日) によって，新たな公社の下でも，郵政事業が3事業一体として実施されることになったのは望ましい方向であった．地方郵便局が担う各地域における郵政事業が3事業一体であることが望ましいと考えられるから，その中央機関もそれに倣うのが順当である．

　ところで，ここで強調されている「3事業一体」の3事業は，それぞれ，「郵便法」「郵便貯金法」「簡易生命保険法」にその法的根拠をもっている．そこでは，「郵便の役務をなるべく安い料金で，あまねく，公平に提供することによって，公共の福祉を増進することを目的とする」(郵便法第1条)，「郵便貯金を簡易で確実な貯蓄の手段としてあまねく公平に利用させることによって，国民の経済生活の安定を図り，その福祉を増進することを目的とする」(郵便貯金法第1条)，「国民に，簡易に利用できる生命保険を，確実な経営により，なるべく安い保険料で提供し，もって国民の経済生活の安定を図り，その福祉を増進することを目的とする」(簡易生命保険法第1条) と，3事業の目的がそれぞれ規定されている．条文から明らかなように，この規定は同時にユニバーサル・サービスの規定ともなっている．いずれにしても，ここから3事業が営利追求型の企業組織によって運営される道筋を読みとることはできないのであって，むしろ，国民の社会福祉上の要請によって3事業が運営されるべきだと読みとることが素直な読み方であろう．

　この点で，「行政改革会議最終報告」において，新たな公社が対象とする業務が「国民経済上必要なサービスを提供する事業であって，採算性，企業的性格を有するもの」とされているのは問題であり，従来の郵政事業を支えてきた基本原理と矛盾したものとなっている．「国民経済上必要であること」と「国民の経済生活の安定を図ること」は重要な関連を有してはいるが，け

して同じことではない．「国民の経済生活」を単純に「国民経済」に流し込むような表現は，誤解を与えることを越えて，意図的なものを感じざるを得ない．また，他方では，「完全に民間の主体にゆだねることのできない公共的な性格を有する業務であって，国が自ら直接実施する必要があるとまでは言えない業務」については，これを「独立行政法人」に移管し，独立採算によることが適当でないものについては，国からの交付金など所要の財源措置をとる，とされている．公社と独立行政法人についての行政改革会議の理解は一貫性がない．ユニバーサル・サービスといわれる極めて公共性の高いサービス供給については，公社という独立採算に基づく企業的組織によってこれを行い，これと比べて相対的に必需性が低いと思われる分野について，これを独立行政法人にまかせ，場合によっては公的支援もあり得るというのは，いかにも転倒した理解である．もちろん，筆者は独立行政法人に対する公的支援が必要でないと考えているのではなく，公社と独立行政法人の位置づけを問題にしているのであり，行政から自立した別組織を作り上げることが，行政からの財政的支援を断つことに直結する思考方法が問題であることを指摘しているのである．郵政公社と独立行政法人の位置づけについては，「行政改革会議最終報告」を受けて制定された中央省庁等改革基本法にその具体的方向が示されている．

　中央省庁等改革基本法は，国の行政の守備範囲を画する新しい基準として政策の企画・立案機能と実施・執行機関という考えを示し，同時に行政を1) 新しい省庁組織と公務員によって国が直接実施する行政，2) 国が自ら実施する必要性に乏しく，民間に委託して実施する方が効率的であるものとして民間への委託が推進されるもの，もしくは地方公共団体への移譲または廃止を求めるもの，3) 政策の実施にかかる事務・事業で，国が自ら主体となって直接実施する必要はないが，民間の主体にゆだねた場合には必ずしも実施されないおそれがあるか，または1つの主体に独占して行なわせることが必要であるものとに区分している．このうち，1)については，国家行政の果たすべき役割（守備範囲）を，国防（軍事），外交，治安維持のほか新エ

第6章 郵政事業の公社化と構造改革

ネルギー開発のような多大な経費とリスクをともなう事業等(「純粋公共財」と命名する特定の行政)の提供に限定するものと理解され,その限りでは明瞭な内容を表している.問題は2)と3)の区別である.この種の行政サービスは,従来,いわゆる「準公共財」として,すなわち,市場の欠陥を理由にして行政が担ってきた教育,医療,その他各種社会福祉給付等として位置づけられてきたものであるが,今後はこれらを原則として,民間(市場)が提供すべきものと考え,やむを得ず行政が供給する場合はその理由を明示するとともに,その場合でも応益原則(受益者負担原則)によるべきであるとしている[6].これらの「準公共財」的サービスのうち,どれを「企業的」に供給し,どれを「独立法人」的に供給すべきか,両者の間に明瞭な境界線をひくことは困難であろう.いずれにしても,ここに紹介した中央省庁等改革基本法は,1996年12月に示された行政改革委員会の官民活動分担小委員会による「行政関与の在り方に関する基準」の具体化であり,「ユニバーサル・サービスは,地域間の所得再分配効果をもつ施策の1例であるが,これについては民間による供給を原則とする.止むを得ず行政が直接供給する必要がある場合は,民間ではできない理由を説明するとともに,当該供給がナショナル・ミニマムの確保のために必要最小限であることを説明する」[7]という流れの中で生まれてきたものである.

　以上述べた点は郵政公社職員の身分の問題にも関わっている.公社を独立採算制に基づく企業組織であることを一方で強調しながら,他方で,その職員の身分が国家公務員であることを主張するのは,一貫性がある立場とは言えない.もし,公社設立の方向で一貫させるとすれば,職員は公社職員であり,その身分も一般公務員とは別に規定されるべきであろう.もちろん,その身分規定が従来の公務員のそれよりも悪化してはならないが,その処遇が悪化しないということと公務員であり続けることは同義ではない.もっとも,郵政公社の制度設計に当たって,最も重視されるべきなのは,公社の提供サービスが国民にとってどれほどの必需サービスなのか,その提供が円滑にいかないことが国民生活にとってどれほどのマイナス影響を与えることになる

のか，こうしたユニバーサル・サービス基準なのであって，公社か独立行政法人かといった組織形態の問題ではない．筆者が指摘したいのは，大事な基準がはっきりしないでは，組織形態の在り方も曖昧となるであろうということである．したがって，公社をユニバーサル・サービスの担い手として，極めて公共性の高い組織であると位置づけることと，独立採算に基づく企業組織となるということは，一般的には完全に矛盾関係にあると，理解すべきなのである．それゆえ，公社形態をあくまでも貫くとした場合であっても，公共性を最終的に担保できる制度的保障，とりわけ収支相償う道を確保できるように措置しておく必要がある．

　この道は基本的には2つある．1つは租税による補填であり，今ひとつは公社にとっての高収益分野の確保と内部補助である．わが国の旧3公社は，前者の道が基本的に断たれる中，後者の道を確保できた電電公社および専売公社と充分に確保できなかった国鉄という結果となり，その後の「民営化」のシナリオも異なることとなった．郵政公社が，これら旧3公社のケースから学ぶべき点は多い．

　郵政公社をめぐる議論の中では，事実上前者の道が否定されたまま制度設計に入っていると思われる（私見は，この道を留保すべきであるというものであるが）ので，以下では，後者についてだけ触れることとする．

　この問題は，いわゆる「独占留保」分野の問題に関わっている．独占分野において上がる利益をもって赤字分野の損失を補填するという考え方である．つまり，内部補助を確実に実現するためには，何らかの独占分野をもたなければならないとするものである．しかし，もともと，特定の分野，たとえば，封書・はがき等について，これらを独占分野としてきたのは，その分野がユニバーサル・サービス分野の典型であり，公共性を維持する必要があったからであり，内部補助資金をそこから捻出することが目的であったわけではない．しいて言うならば，同じユニバーサル・サービスであっても，条件不利地域のサービス供給を維持するために条件有利地域がカバーしているということであろう．その限りでは，独占分野が独占分野を内部補助しているので

ある.

　NTT が長距離部門の利益をもって市内部門の赤字を埋めている,とかつて主張していたのを,その通りに受け取るとすると,非独占の競争部門が独占分野たる市内部門を内部補助していることになり,独占留保分野による内部補助というあり方とは正反対である.結局,独占的であれ,競争的であれ,当該企業にとって利益の上がる部門から上がらない部門への内部補助が行われるという一般論が導かれることになる.いずれにしても,一定の事業活動を行なう場合,すべての事業部門,すべての地域において均等な収支構造を持つなどということは一般的にはあり得ないことである.効率性や収益性を追求する民間企業であれば,なおさらこのことは痛いほどよく分かることである.そして,その結果がリストラになるのは必然的であるが,同じことをユニバーサル・サービスの供給機関に求めるとどうなるか,今一度真剣に考える必要がある[8].

(3) 民間事業者の参入について

　最後に,以上の独占留保分野という議論の関係で,民間事業者の参入について考えてみよう.

　諸外国の例を見ると,比較的軽量小型の郵便物をユニバーサル・サービスの対象とした上で,そのうち更に狭い範囲を独占留保分野とするのが一般的なようである.ドイツの場合,2kg 以内の書状,小包(20kg 以内),新聞,雑誌をユニバーサル・サービスとし,そのうち 200g または標準最低料金の 5 倍＝5.5DM 未満の書状(50g 超で 50 通以上のダイレクトメールを除く)を独占留保分野とし,それ以外は自由化されている(ただし,1kg 以内の書状についてはライセンスが必要とされる)[9].

　郵便事業に参入しようとする民間事業者は,当然その事業がビジネスとして成立するかどうかを基準として参入の可否を判断するのであって,ユニバーサル・サービスを担うことが目的であるわけではない.それでも,そこに参入が起こるとすると,ユニバーサル・サービスの提供がビジネスとして成

立する条件が整っていることになる．少なくとも，そう考えられていることになろう．この点をわが国の郵便の利用構造（普通扱いの封書・はがき）に即して簡単に考察してみると，次のようになる．

平成12年度において，事業所→事業所，事業所→私人郵便物が合計で82.5%を占め，私人→私人，私人→事業所郵便物は17.5%にすぎない．また，内容別では，金銭39.2%，ダイレクトメール24.3%，その他業務用通信9.3%というように，もっぱら業務に関わる通信が7割を超えている．こうした数値から明らかなように，今日，郵便は圧倒的に企業業務の必要から送付・配達されているのであって，私信を中心とした郵便機能は極めて小さくなっている．その意味では，郵便事業そのものが対個人サービス的なものというよりは，対事業所サービス的なものとなっている実態があり，ここに民間事業者が参入しようとする客観的な条件がある．ダイレクトメールのように，差出人が同一で部数がまとまったものが郵便局に持ち込まれれば，それだけ処理コストが低くなることは明らかであり，この点は宅配事業者であっても，事情は同じであるからである．この結果として，競争が起こり，さらに料金引き下げにつながるならば，郵便通信コストの大きい企業にとっては大いに歓迎すべきことになろう．これが，一般企業が郵便自由化を強く求める基本的背景である．

したがって，この分野を競争分野とすることは，現時点においては，この分野の需要に対して供給プレイヤーが不足していると考えられており，参入者にとっても，利益獲得機会が残されていると判断されているのである．いわゆる「信書便法」によって「全国規模での参入が認められても，それが採算ベースに乗らない限り現実の参入はありえない．この事態は『厳しすぎる規制が参入を阻害している』との批判を高めるのに好都合である．それによって信書の概念と範囲が狭められ，民間宅配会社が"信書以外"のモノとして自由に扱える範囲が拡大する．これは差し当たり，メール便の業務範囲につながるだろう」．「最後に指摘しておきたいのは，大都市部の大企業が定期的に発送する請求書や領収書，ダイレクトメールの類を専門に扱う民間事業

者についてである.……これはクリームスキミングの最たるものであり,当面は法律的にも認可されることはないだろう」[10],と指摘されているように,郵便事業の自由化はクリームスキミング問題と直接結びついていることを忘れてはならない.これから参入しようとする民間企業にとっては,1世紀以上の長きをかけて構築されてきた郵便ネットワークに即戦的に競争するためには当然の選択であろう.問題は,そのことによって郵便ネットワーク,とりわけユニバーサル・サービス供給のシステムが従来通り保障されるのか,という点である.公社が独立採算制の下で企業的な経営を要求されるということは,競争分野での価格競争による収益減少を独占留保分野での収益によって埋め合わせる結果とならざるを得ないであろう.あるいは,収益に貢献しない部門の切り捨てによってコスト削減を図らなければならないかもしれない.いずれにしても,それは,ユニバーサル・サービス供給の水準低下であろう.筆者が何よりも恐れるのは,コスト計算上真っ先に切り捨ての対象となるのが離島や交通困難地域,過疎地域となると予想されることである.国鉄民営化によって切り捨てられた赤字ローカル線や自由化に伴って廃止または子会社に路線移譲された離島・ローカル航空路線の例を見れば明らかなように,この予想は十分現実味をもったものである.

　既に述べた郵便事業への「ヤマト運輸」参入断念に関して,当の「ヤマト運輸」は,許可や参入基準の設定権限を総務省(旧郵政省)が握る制度では「切磋琢磨することは期待できない」.「民間企業の一挙手一投足すべてを総務省が許認可する,いわば『民間官業化法案』の下で参入するつもりはない」[11],と発表した.問題は,こうした発表を受けてとった小泉首相の対応である.「総務省は小泉首相の指示を受け,現在は民間企業の取り扱いを禁じているダイレクトメール(DM)の集配について,民間に開放するようにガイドライン(指針)見直しの検討に入った」[12].これは,「ヤマト」など民間事業者にとっては,信書便事業総体を営業範囲とすることが目的なのではなく,「DMやクレジットカードなどは大口需要だけに,そちらで門戸が開かれた方が実利は大きい.『大量集配で効率がよく最もおいしい市場』(郵政

事業庁幹部)」[13]だからである．このような小泉首相の対応は，「信書便法案さえかなぐり捨てた，まさにむき出しのクリームスキミング容認政策であり，本稿が分析してきた郵便事業の経営悪化要因の露骨な拡大策である．民営化に追い込むためなら手段を選ばないやり方である．こうした『改革』によってDMなどの料金は確かに低下するだろう．その一方で，私たちの郵便箱は，商業広告のDMであふれる一方で，友人知人からの手紙の正確な配達サービス，全国一律の郵便サービスや視聴覚障害者への点字無料郵便などの政策減免制度が後退の危機にさらされる」[14]．

以上のことから，公社が新たな組織と理念を持って再出発するに際して，郵便法や郵便貯金法の第1条に謳われていたユニバーサル・サービスの理念を改めて高く掲げる必要があることを強調しておきたい．

3. 郵政事業と構造改革

「構造改革なくして景気回復なし」，「郵政民営化が小泉構造改革の象徴」．

こうした主張が正しいとすれば，郵政民営化なしでは構造改革は達成されないし，また，日本経済の再生，景気回復もないということになる．小泉首相は，「郵政三事業の在り方について考える懇談会（田中直毅座長）」の下で郵政民営化の明確な道筋を示すことによってこうした政策の具体化を図ろうとしたが，結果は見事に頓挫ということになった．しかし，この失敗ゆえに日本経済の低迷が続いているのではない．経済低迷の根本原因は別なところにあるのではないか，小泉改革は現時点での経済政策としては間違った方向からの処方箋を与えているのではないか，そんな疑問を解きほぐす作業をしながら郵政事業について考えてみたい．

ところで，一般に経済政策の側面から見て，「構造改革」として考えられているのは次の3点である．

(1) 不良債権処理
(2) 自由化と規制緩和

(3) 財政改革

以下，この3点について，山家悠紀夫氏の立論にそって議論を進めることにしたい．

(1) 不良債権処理とは

不良債権の反対側には，返済不能となっている債務がある．これは，担保処分などして回収できるものは回収し，できないものは損失として処理せざるを得ないものである．

ところが，通常議論されている不良債権にはこれ以外の不良債権，「返済不能となる懸念のある債権」までもが含まれている．たとえば，延滞している債権，約定した金利が支払われず減免措置の取られている債権，返済も金利支払いも円滑に行なわれているが，経営不振に陥っていると見られる企業に対する債権がある．

前者については，発生するであろう損失に見合う引当金を積んで会計上の処理を済ます（間接償却），あるいは，担保処分などして処理を終える（直接償却）ということになる．

後者については，そう単純ではない．なぜなら，この債権の対象は，まだ，事業活動を継続している，「何とか生き残ろうとしている」企業だからである．この企業について，間接償却する場合は，銀行が引当金を積み，他方で融資が継続される限りは，企業の活動の余地が残される．しかし，直接償却するとなると，融資は回収され，担保物件は処理され，この企業をつぶすことになる[15]．竹中大臣が最近強調している，債権の査定を厳しくするというのは後者もできるだけ処理する方向で考えよ，ということに他ならない．今なお続く厳しい不況のなか，融資が断たれることに対する恐怖を中小企業経営者が一番良く知っている．

資本主義システムの下では債務がいつでも悪いことだということにはならない．一般的には，破産更生債権，危険債権，要管理債権という金融再生法に基づく開示区分によって示されるものが不良債権とされているが，これら

がすべて最終的に不良債権となるわけではない．したがって，不良債権という概念自体が極めて幅のある概念であることをわれわれは知っておく必要がある．伊藤国彦氏は，わが国金融機関の不良債権額の大きさが1999年3月に，「旧基準リスク債権」「新基準リスク債権」「金融再生法に基づく開示」「自己査定」という4つの基準で公表されるようになった経緯を紹介し，それぞれの基準による不良債権額の比較を行ないながら，これらの数値が現実の不良債権をどこまで反映しているかについて論究している．その中で，公表されている不良債権額が過小ではないか，との指摘を行なっているのであるが，同時に次の点を正当に指摘している．

「直ちに付け加えておくべきことは，債権の不良化の程度に関してである．一概に不良債権といっても，それは倒産した企業への貸出から一時的に経営不振に陥っている企業への貸出までを含んでいる．つまり，瀕死の重病人から軽い風邪の患者までをすべて『病人』と数えるに等しい．したがって，分析の目的に応じて，不良債権リスクの程度を限定した計数を利用する必要がある．加えて，債務者の経営と財務の状態は，景気などの動向に大きく左右されることも考慮しなければならない」[16]．

こうした指摘から言えることは，不良債権額とされた額の大きさ（それ自体は問題にすべきであるが）だけに囚われた議論は危険であり，むしろ，不良債権の質の問題にもっと注意が払われるべきだということであろう．とりわけ，債務を負う側の企業は具体的な生身の現実的存在であることに留意が必要なのである．債権が不良となるかどうかは，貸し手である銀行側体力と借り手である企業側の収益力と資産力によって決まる．また，総じてその経営環境である経済状況で決まるものである．つまり，不良債権を減らす最善の方法は景気を回復することであって，そのことによって銀行の経営も安定する．その安定した時期に体力を蓄え，景気が後退した時，倒産しそうな企業を資金的に支えるのが銀行の社会的使命の一つとなる．その逆のことを行なっていては，景気にマイナス影響しかないのは当然である．銀行の不良債権を処理することが今求められているのではなく，ぎりぎりのところで生き

延びようとしている企業にいかに資金を融通するシステムを作るかが金融改革の課題であろう．たとえば，2002年11月に，金融庁と経済産業省は中小企業向け融資制度（J.ローン）を検討すると発表しているが，融資条件として，当該企業の成長力を条件にするという．成長することが分かっていれば，貸し倒れは生じまい．貸す側も難しい融資審査が省ける．真面目に中小企業融資を考えているとはとても思えない[17]．

　個々の銀行から見れば，不良債権の処理ができれば健全行になるし，金融界が健全行だけからなれば，金融界も健全化されたことになりそうである．他方，銀行から見捨てられた不健全企業は淘汰され，産業界も健全企業だけ残って，これまた万々歳となりそうである．しかし，淘汰された銀行や企業から吐き出された人々は失業者として滞留することになる．つまり，個別の銀行や企業は健全となるが，社会全体から見れば日本の経済や社会はいっそうひどい状態になる．その状況が「健全行，健全企業」に跳ね返ってくる[18]．政府がとにかくもセーフティネットを口にしなければならないのは，そのことをよく知っているからであろう．セーフティネット論自体，リストラによって失業者が大量に生み出されることを前提とした議論であり，筆者としてそのまま受け入れがたい議論である．むしろ，問題は，その失業などの痛みが避けられないものかどうかである．

　個々の企業や銀行にとって良かれと考え，実行する施策が，結果として全体の状況を悪化させることがある．いわゆる「合成の誤謬」である．小野善康氏はその要点を次のようにまとめている．

　①個々の企業にとっては，無駄な部門を整理し，人手を省けば収益性は改善する．ところが，不況期にすべての企業がそれをやれば，景気はますます悪化し，需要が減って物が売れなくなるから，結局は個々の企業の収益も下がってしまう．

　②好況期は，効率の悪い部門を縮小すれば，そこで働いていた人々はほかのもっと効率のよい部門に吸収されて，日本経済全体の効率性も上がってくる．構造改革派はこのことが頭にあるから，リストラを主張する．しかし，

不況期にはこのようなことは成立しない.

③企業の経営手法を国の経営にも導入すべきだという論者は多いが, この2つは本質的に異なる. 民間企業は従業員を解雇できるしその後の責任もないが, 国は国民を解雇することはできないのである. そのため, 人員削減によって効率性を上げるという民間企業の経営手法をそのまま国に適用することはできない[19].

筆者としては, 必ずしも小野氏の主張にすべて賛成というわけではないが, 構造改革論的主張に対して, 極めて明快な反論が行われている点を高く評価し, 山家氏の議論とともに, ここに紹介するものである.

(2) 自由化と規制緩和

自由化と規制緩和によって長い不況からの脱出が可能であるとの考え方がここ最近の日本経済論の主流にある. 日本の経済システムが閉鎖的かつ談合体質的であり, こうした体質が自由な経済競争を妨げ, ひいては日本の経済効率を低いものにしてきた, という判断がその底流にある. ここから, いわゆる「日本的経営」「日本的経済システム」を改め, 規制緩和と自由化によって「アングロ・サクソン的経済システム」を構築すべきであると主張されることになる. かくして, 世界に冠たる「日本的経営」と言われた80年代までの日本経済システムは, 今や唾棄すべき, 過去の遺物であり「百害あって一利なし」とされるに至るのである.

しかし, 考えてみてほしい. 第1次オイルショック後の経済不況を克服する過程の1975年は「ロボット元年」と呼ばれ, 日本の製造業, 特に自動車, 電気機械を中心に生産のマイクロエレクトロニクス化が急速に進展することになり, そこに機器を供給する電子工業, そしてまたその素材たる半導体を生産する工業が全国に展開することになったのは, ついこのあいだの80年代のことである. 幕張メッセを会場に「CIM (コンピュータによる統合生産) 元年」を高らかに宣言する展示会を開催したのは, 1990年のことであった.

この間，国鉄，電電公社，専売公社の民営化が実施され，民活法やリゾート法によって開発規制が緩和されることに伴い土地と株式への空前絶後の投資が誘発されたのは，記憶に新しいところである．「バブル景気」の登場である．ここに見られたのは，金儲けのためであれば，その実体が何であれ，資金を投入し，その果実を得ることにいささかのためらいも反省も必要のない「マネーゲーム現象」であろう．

　したがって，市場原理と競争的経済システムを構築するという政策は遅くとも80年代の日本においてすでに追求されていた政策であり，バブル経済はそのひとつの極であり，バブル崩壊後の不況はそのつけであろう．言ってみれば，日本的経営と市場原理は，80年代においては完全に同居していたのであり，むしろ，メダルの両面として不可分の関係にあったものである．日本的経営（終身雇用，年功賃金，企業内組合）と日本的経済システム（政・官・財の癒着構造と業界内調整機構）から開かれた市場原理と競争原理に基づく新しい経済システムへの「移行」という議論は単純で分かりやすいが，それだけに注意しなければならない問題を含んでいる．特に留意が必要なのは，自由化や規制緩和が結局の所誰のために追求されているのか，その利益が誰に帰属することになるのか，その点を曖昧にして，「国民経済」「日本経済」全体にとって利益があるという抽象的な議論をもって正当性を主張する結果となっていないかを吟味しておく必要がある．「公共性」が公理として反論の余地のない原理のごとく国民に説かれるのと同じように，「自由化と規制緩和」が闊歩している状況を見るにつけ，その必要性を痛感するのである．

　市場原理を理想とする株式資本主義型資本主義は現在までの所，アメリカで花を咲かせているように見える．しかし，自由化の寵児と言われた「エンロン社」の破綻に象徴されるように，株式資本主義型資本主義も自賛するほどオープンでも公正でもないことが明らかになってきた．このことの対比で，かつての日本におけるバブル経済は，リゾートと都市開発など不動産開発をもっぱらにしたから問題なのではなく，国民の資金が必要以上に土地や株式

に流れ、そのことが投機が投機を呼ぶ形となり、実体経済がどうあれ、地価と株価の自己運動にまで発展していったことが問題とされるべきなのである。この自己運動のおかげで、企業は低コストの資金調達が可能となり、設備投資を一気に拡大できることになった。こうした構造は株式資本主義がまさに目指している方向であろう。90年代のアメリカで発生していたバブルは、IT産業における投資資金を株式市場で調達するプロセスで生じたものであって、投資資金が向かう先に違いがあるほかは、本質的には同じである。日本で今進められようとしているIT戦略は、1周遅れではあるが、失敗したアメリカのIT産業活性化を踏襲しようとするものであろう。いずれにしても、市場原理をベースとした株式資本主義型資本主義を理想とする者の目標としては当然すぎるほどあからさまな内容に満ち満ちている。

(4) 財政改革

　財政改革の中心には国債の累積問題がある。一般的には個人であれ、法人であれ、また国家であれ借金なしで日々の運営が成り立つのであれば、それに越したことはないのかもしれない。しかし、どんな健全な生活と経営を営んでいても、いざというときに手許に現金や資金がないということはあり得るし、逆に持ち手にとって当座は不要な遊休資金が存在しているのが、人間社会の常であろう。したがって、他人から資金を融通してもらったり、他人に融通することは大いにあり得ることである。銀行を中心とした金融システムはそのための社会的仕組みというべきものである。国債は、このような仕組みを前提として行なわれる国家の借金である。

　したがって、返す当てのある、返済能力ある国債であれば借金をしても問題はない。もちろん、限度はあろう。その限度はどこまでか。現在、国と地方を合わせて600兆円余りの借金があり、国民1人当たり500万円といった数字がしばしば紙上に載る。その額が極めて大きく、今後減少させるべきだという意見には賛成だが、もはや返す展望はなく、破産寸前だと言わんばかりに危機をあおる論調が多いのはどうしたことであろう。もし、返す当ても

なく借金を重ねているとしたら，その返済能力は何によって測ればよいのか，また，貸す方は貸す方で，何を担保にその債務の申し出に応じ続けているのか，国債の累積額が多いことを心配する人々は，言ってみれば，借りる側の論理でその返済能力を心配していることになろう．他方，貸す側の論理で，取り立て不能になることを心配する人々が出てこないのは何故か，その辺をもう少し考えてみてはどうだろうか．

　97年度は「財政構造改革元年」ということで，政府は消費税率を引き上げ，公共事業費も抑制し赤字財政再建に乗り出した．ところが，98年度から財政赤字はいっそう拡大してしまった．「財政構造改革」政策のために景気が急激に悪化し，税収が落ち込むなか，景気浮揚のための財政出動を余儀なくされたからである．他方で，金融構造改革政策のために生じた金融危機の進行を防ぐためにも財政資金が必要とされるようになっていた．この結果，「財政構造改革」に乗り出す前，96年度末の国債残高は245兆円であったのが，2000年度末には368兆円に膨らんでしまった．対国内総生産比で総債務残高を見ると先進国中最高の水準にある．こうした財政状況から，わが国の財政状況が極めて危機的であり，緊急事態にあるということが力説されるのである．しかしながら，山家氏は，こうした単純な立論に対して，真っ向から反論している．

　たとえば，わが国は「純債務残高，すなわち政府の総債務残高から政府保有の金融資産残高を差し引いた債務残高で政府債務を捉え，その対国内総生産の比率を見ると，日本の比率はなおアメリカやドイツを下回っているのである．……なぜこのようなことが生じているのか．話は単純である．欧米諸国の政府は日本政府ほどには金融資産を保有していない」[20]からである．債務ばかりでなくその保有する資産も見なければならないというわけである．危機感をあおりたい論者は無視したいことではあろう．物事を客観的に正確に伝えるのが研究者の役目だと考えるが，山家氏のような議論は少ない．それだけに貴重である．

　また，財政赤字の弊害として次の点がしばしば言われている．

(1) 金利上昇，民間企業の資金調達ができなくなる（クラウディングアウト）
(2) インフレ
(3) 通貨下落

しかし，今までそうしたことは起こらなかった．その理由は，(1)国内民間部門の資金余剰額が大きく，財政赤字を吸収しても，なお余剰資金がある．そして，金融緩和政策がとられている．こうした状況では，資金調達に困るということはない．(2)財，サービス，労働力の分野で大きな需給ギャップがあり，財政赤字で需要を創出してもそのギャップは埋めきれず，インフレになりようがない．(3)経常収支，貿易収支が大幅な黒字となっており，通貨価値は下がりようがない．現在の不況は需要不足から起きていると考えるのが正しい．以上の点を，山家氏は力説している．財政赤字と国債のことを心配している人々は，今一度，氏の所説に耳を傾ける必要があると考える[21]．

また，年金も大変だと言う．何がどう大変なのか．一般的には，次のような論理で大変さが強調されている．

今後，高齢社会がやってくると，より少ない生産年齢人口でより多い高齢者人口を養わなければならない．もちろん，その通りである．かつて，厚生省は「95年には，生産年齢人口4.8人で1人の老齢者を養っていたが，2015年には，2.4人で1人を養わなければならない」と，若者世代の負担の大きさを危機感をもって説いていた．しかし，こうした議論には重大な欠陥がある．生産年齢人口が養っているのは老齢者だけでなく，年少人口も含むはずである．すると，「生産活動の担い手の負担は，人口構成の高齢化とともにたしかに現状に比べ高まりはするが，しかし，かつてなかったほどに高まるというわけではない．今から10年後に，1960年前後――高度成長の始まる頃――の水準に，20年後に55年前後――戦後復興がほぼ終わった頃――の水準に戻る，ということである．その頃に比べて日本経済の生産力は比較にならないほどに高まっている．支えきれないほどに生産活動の担い手の負担が高まるわけではない」[22]と考えるべきであろう．また，1国の人口

を養うということは，高齢人口や幼少人口だけを養っているのではなく，生産者自らも養うと考えるべきである．さらに，生産年齢人口を15歳から64歳とするのは現実的でない．実際に国民を養っているのは，就業者である．したがって，問題とすべきなのは，この就業者数に対する総人口の大きさである．この割合は向こう数十年にわたってほとんど変化はなく，総就業者がちょうど倍の総人口を養っている関係にある[23]．

　全体として，財政危機や年金危機を強調している論者は，国民に対して十分正確な根拠を示すことなく，あるいは都合のよい数値を並べることによって，「危機感」をあおるような役回りに徹している．このような事例は，これまでも石油危機や平成米騒動の折にも見られたことではあるが，研究者としては，事態の何たるかを冷静に国民に伝える努力を惜しんではならない．もちろん，国が把握している情報を中心とした，判断に不可欠な材料を研究者が細大もらさず収得できる環境がなければならないのは言うまでもない．こうした条件なしには，研究者が逆に提供されるデータに振り回されることになる．与えられる国家統計などデータを批判的に分析する能力を高める必要があろう．

4．郵政事業と構造改革のゆくえ

　以上，日本で今進められている「構造改革」の特徴を山家氏の主張に沿う形で3つの柱で見てきた．ここで確認できることは，これら政策いずれもが現在の景気状況の回復に対して，基本的には逆行するものであろうということ，また，市場原理主義という自らの論理からしても破綻しているということである．不良債権は景気悪化の結果であって，原因ではない．銀行融資によってかろうじて経営活動を継続できる，したがって将来発展するかもしれない企業を淘汰することが銀行の役目とは言えない．その反面，十分な自己資本をもち得ない銀行には国費をつぎ込んで国有化の道も否定していない．市場原理主義が国有化を積極的に提案するということは，自己矛盾以外の何

物でもない．それを，自己矛盾と感じていないとしたら，すでに経済学理論としては死んだも同然であろう．

　日本経済と日本企業はかつての競争力を失ったのだろうか．失った企業もあれば，依然として強い企業もある．そして，全体としてはなお競争力ある経済であると見るべきであろう．史上最悪と言われる今次の不況下でも，貿易黒字は維持されているし，「トヨタ」に至っては史上最高の利益を上げようとしているほどである．国内市場の冷え込みから考えて，その利益の源泉が海外にあり，海外での競争力がその支えであることは言うまでもない．エレクトロニクス産業の技術開発に対して官民挙げて資金を集中的に投下する体制を経済産業省の音頭で作り上げようとするのは，市場主義ではなく国家主導主義であろう．言うこととやっていることがあべこべである．

　財政についても，小泉首相は02年度補正予算で減税と国債発行による景気政策を発動する事態となってきたが，これはなんと弁解しようが，財政政策の転換である．それなのに，他方で，弁解を正当化しようとして，つじつま合わせしようとすると，結局，政策は中途半端なものになり，橋本内閣の二の舞となろう．

　このような流れの中で郵政事業改革を位置づけるとすると，次のようになる．

　まず確認すべきことは，小泉構造改革は，日本を徹底したサプライサイド型の経済構造，すなわち輸出競争力ある大企業体制の再構築にその目的があるということである．そして，そのモデルは，アメリカ型の株式資本主義，株主重視型資本主義である．

　この目的にそって，個人を株式市場にいざなうための施策が用意される．少額譲渡益の非課税，長期保有株の譲渡益に対する減税，申告分離課税の税率引き下げ，相続税の減免などである．また，コーポレートガバナンス論，確定拠出型年金なども同じ方向を向いた施策である．

　いずれにしても，このような株式資本主義を構築するために，従来の日本の金融システム，すなわち「間接金融」システムを「直接金融」システムを

中心としたものへと変更しなければならない．いわゆる「金融ビッグバン」という呼び方で進められている金融改革が，まさにそれである[24]．

しかしながら，日本人の貯蓄と預金に対する信頼，とりわけ郵便貯金に対する信頼は，株式投資の魅力をどんなに甘い言葉でささやいても，容易にくずせそうもない．それは，あまりに不安定な株式価格，いつまでたっても改善されない不明朗な会社経営の在り方（範とされるアメリカにおける不正会計問題を見よ）に対して，国民がそれなりに判断を下しているからに他ならない．

金融ビッグバンによって，銀行は株式資本主義に少しでも引き込むことはできよう．兼営や子会社方式が模索されている．しかし，郵貯が存在する限り，銀行が選ばれる保証はないし，したがって，国民資金の一大部分を株式資本主義へ導くことができない．アメリカ型株式資本主義をめざす小泉首相にとって，郵政事業，とりわけ郵便貯金と簡易保険が目の上のたんこぶであり続ける所以である．郵便事業への民間参入に固執したようで，しなかったのもその辺に背景があると見られる．

猪瀬直樹氏の委員就任で話題となった道路関係4公団民営化推進委員会で議論されてきた公団民営化論は郵貯や簡易保険などを原資としている財政投融資の「改革」と関わっている．無駄な高速道路を造らないために，公団に財投資金を投入しない，またその財投資金を供給している郵貯は自主運用させて財投にまわらないようにする，というのが小泉首相の筋書きのようである．国民にとって必須とも言える道路（高速道路も含め）は，本来税金によって建設するのが順当な考え方であると思うが，それを財政投融資資金という有利子資金に依存しつつ道路公団によって建設するという従来手法の限界を反省することなく，まずもって，道路公団を民営化することが問題解決の第一歩であるというのが，道路公団民営化推進委員会の一致点であろう．しかし，大事なのは，具体的に計画されている高速道路等が国民にとって必要なインフラとして合意のあるものであれば，それは造らなければならないし，その建設資金の手当と建設主体をはっきりさせる必要があるということであ

る．そうすれば，道路公団が存続すべき組織かどうかも自ずと明らかになるし，建設資金として財投資金が求められるかどうかもはっきりする．少なくとも，道路公団改革のために財投制度を改革し，その原資となっている郵便貯金を目の敵にするような的外れの議論が出てくる余地がないことを理解すべきである．

それでは，逆に郵貯に何を期待しているのか．自主運用される郵貯資金が直接株式市場に流れ込むことか．しかし，これは安定した運用を求められている郵貯の性格に反するし，そう簡単ではない．「郵政公社設立会議」も公社の資金運用は債券を中心とした安全運用を行ない，株式投資は補完的，としている．してみると，郵貯に蓄積された資金が株式資本市場に貢献できるためには，国民が郵貯を避け，銀行に向かうか（銀行も積極的に株式投資に向かうことを前提），直接証券投資に向かうようにし向けるしかない．現状の日本の銀行と証券会社がそこまで魅力的というわけではないとすれば，逆に郵貯の魅力を下げるしかない．郵貯に限らず，簡易保険攻撃など郵政に関わるスキャンダラスな問題は格好の材料ということになる．郵便における宅配便との競争をあおる参入問題もその延長で考えると分かりやすい．したがって，逆に，郵政関係者と郵政事業がユニバーサル・サービスを中心に国民の期待に今まで以上に真摯に応えていくことが，郵便事業を中心としたユニバーサル・サービス機関としての郵政公社の基礎を確固としたものとすることになるし，設立以来これまで営々として築き上げてきた郵政インフラを闇雲に営利市場に投げ出してしまう小泉内閣の施策の反国民性を事実によって国民に示すことになると考える．

2001年9月11日に起きたニューヨーク国際テロ事件は世界中に大きな衝撃を与えた．その被害の中心にあった世界貿易センタービルの現場では，救助活動を遂行する過程で，多数の消防士が亡くなっている．危険な救助活動における犠牲に対して，市民からの感謝と賛辞が贈られた．この事件をきっかけとして，将来の夢として「消防士」になることを真っ先にあげるアメリ

第6章 郵政事業の公社化と構造改革

カの子供達が少なくないと言う．考えてみると，「消防」というサービスは典型的な公共サービスのひとつであり，いつ，どこでも，誰に対しても，どのような火事（緊急時）であっても，出動し，その目的を果たさなければならないサービスである．サービス料を払うから，あるいは余計に払うから出動する，ということでは困るのである．このように，いつ，どこでも，誰に対しても，等しく公平にサービスが受けられる仕組みが公共サービスあるいはユニバーサル・サービスの供給システムとして形成される必要がある．

ところで，消防と比べてのユニバーサル・サービスとしての郵便サービスはどうであろうか．今でこそ，命がけで郵便配達をするケースは稀となった．もっとも，アメリカのテロ事件との関連が指摘されている「炭疽菌」汚染郵便物の問題が発生しており，郵便業務につくことを拒否する局員が出ているから，命を懸けた「郵便業務」が確かに現実味を帯びてきている，と言えなくもない．この問題を別としても，歴史的には郵便業務，とりわけ配達業務はかなり危険なものであったことが知られている．北海道でも郵便業務による殉職者が少なくなかったことが，福井氏の長年にわたる資料整理から明らかになっている[24]．しかし，現実的には，消防や警察のように，業務そのものが「命をはった」ものとして設定されているとは言えないであろう．したがって，そのユニバーサル・サービスとしての機能は，危険度は以前に比べれば低いものになってはいる．とはいえ，離島や陸の孤島的地域などに対する郵便事業，あるいは過疎地域における郵便局は地域住民にとってなくてはならない生活上の必需施設として存在していることは否定できない．郵政事業民営化を議論する際，こうした地域における郵便業務を不必要として否定する論者はいない．主張されているのは，そうした地域での郵便事業は採算がとれないこと，したがって，民間の営利事業としては成り立たないこと，さらには，それでも，やるのなら補助金など，公的資金の投入かユニバーサル・サービス基金等の制度的枠組みを作らなければならないということである．郵政公社設立をめぐる論点のなかで最も重要なのは，この国民生活にとって不可欠となっている，したがってユニバーサル・サービスとしての郵政

3事業は必然的に不採算部門をその構成要素として含まざるを得ないこと，それゆえ，全体として採算のとれる組織として機能させるためには内部補助的な機構を担保する必要があるということである．郵政公社や独立行政法人に効率と採算性を求め，限りなく民間企業的経営に近いスタイルを求めることとユニバーサル・サービス供給の提供義務を求めることは永遠の矛盾である．この矛盾関係を前提としたとき，可能な逃げ道は，ユニバーサル・サービスの提供を第一義としながら，内部補助システムを基本とした収支相補償する経営を可能な限り追求することであろう．

　それならば，そうしたシステムを最初から組み込んでいる郵便事業の現行体制をなぜ変える必要があるのだろうか．郵政事業民営化をなぜ推進するのか，郵政事業の周辺を検討する限り，筆者には，その目的や意図が正直分からない．分かるのは，ダイレクトメールを代表として，郵政事業の一部には，「ヤマト」など民間宅配業者が参入したい分野があるということと，郵便貯金に集まってくる国民の零細貯金を何とか株式など直接金融の資金として活用する仕組みを構築するというビッグバン的発想に基づく願望の存在である．しかしながら，こうした願望が，ユニバーサル・サービスをはじめとしたシビルミニマムを求める国民の願いと逆方向である限り，そう簡単に実現することはないであろう．ユニバーサル・サービスの供給機関として構築されてきた地方郵便局をネットワーク端末とする郵政事業組織を，効率性，採算性観点から整理すれば，まず地域の末端郵便局から壊死するがごとく崩れていくことになるのは火を見るよりも明らかである．経済合理的に考える頭があれば，この筋道は論駁しようがないものである．小泉内閣が，民営化しても地方における郵便サービスは維持されると言うとすれば，それは経済合理的な判断ではなく，ユニバーサル・サービスが必要であるという「公共性」に立脚した判断であろう．郵便局や郵政事業を恵まれた経済条件の下にある中央企業の観点から見るか，それとも，都会から遠く離れた地方住民の観点から見るか，結局はどちらの観点から見ることが「市民的公共性」の原理にかなっているのかという岐路にわれわれが立っていることを郵政事業の民営化

問題が教えている．

　　注
1) 「日本経済新聞」2003年1月17日参照．
2) 「朝日新聞」2001年12月5日参照．
3) 「日本経済新聞」2003年1月17日．
4) 林紘一郎・田川義博著『ユニバーサル・サービス―マルチメディア時代の「公正」理念―』中公新書，1994年．
5) 小坂直人『第三セクターと公益事業』日本経済評論社，1999年，終章参照．
6) 福家俊朗「『政策プロセスの改革』と行政の公共性」『経済』2001年11月号，92-93ページ参照．
7) 行政改革委員会事務局編『行政の役割を問いなおす―行政関与の在り方に関する基準―』大蔵省印刷局，平成9年3月，17ページ．
8) 小坂，前掲書参照．
9) 桜井徹「郵便事業民営化批判―ドイツの事例をふまえて―」『経済』2001年12月号参照．
10) 井上照幸「郵便市場開放とユニバーサル・サービス」『経済』2002年7月号．
11) 「朝日新聞」2002年4月27日．
12) 「朝日新聞」2002年5月16日．
13) 「朝日新聞」同上．
14) 山下唯志「郵政民営化戦略と民間参入問題」『経済』2002年7月号，90ページ．
15) 山家悠紀夫『「構造改革」という幻想』岩波書店，2001年，42-46ページ参照．
16) 伊藤国彦「銀行の不良債権とその処理」近昭夫・藤江昌嗣編著『日本経済の分析と統計』北海道大学図書刊行会，2001年，119-120ページ．
17) 「日本経済新聞」2002年11月29日．
18) 山家，前掲書，158ページ参照．
19) 小野善康『誤解だらけの構造改革』日本経済新聞社，2001年，50ページ．
20) 山家，前掲書，116-117ページ．
21) 財政改革問題については，山家，前掲書，第5章を全面的に参照させていただいた．以下の年金の議論も同様である．
22) 山家，前掲書，128-129ページ．
23) 川口弘，川上則道『高齢化社会は本当に危機か』あけび書房，1989年参照．
24) 山家，前掲書，第6，7章参照．
25) 福井卓治編『北海道郵政百年史資料』山音文学会，1971年，参照．

結

無灯火集落解消問題と公共性

1. ユニバーサル・サービスとしての電気供給

　電力自由化を推進する立場からは,「電力」という商品も普通の商品と変わるものではなく,人々は,市場において,より安価な電気を求めることが可能でなければならないと主張される.したがって,電力会社も,そのような商品を生産供給する普通の1民間会社に過ぎないとされるのである.筆者は,このような主張が一面的であり,基本的には間違いであることを,「電気財」とその供給システムの特性に基づいて論じてきた[1].

　電気という財が現代社会において必要不可欠な財であることはいまさら言うまでもないことである.歴史的に,多くの自治体において電気事業が自治体にとっての公共責務とされ,時には社会政策の一環として認識されたのも偶然ではない.しかしながら,この「必需性」だけで,電気事業の「公益性」が理解されてならないことを筆者は再三にわたって注意を促してきた.電気事業の場合,重要なのは,こうした財を供給する設備とシステムが当該消費者による共同利用設備になっている点である.しかも,一般財とは異なり,生産者すらも,消費者とともにこの物理的設備を介して結びついているのである.したがって,電気が必需性の高い財であることが前提されるならば,自ら発電する機会と動機を持たない者は,こうした共同設備から除外されてはならないことになる.また,自家発電など自ら発電する条件があって

も，主要なネットワークにおける条件と比較し，著しく不利な場合，その悪条件をカバーし，補填する仕組みを用意しなければならない．それが電気事業におけるユニバーサル・サービスあるいはシビルミニマム保障の考え方である．

電気・ガス・水道などを中心とした公益事業会社は，国民生活にとってのシビルミニマムをユニバーサル・サービスとして供給する公共責務を負った会社であり，最初から「普通の会社」にはなれない宿命を持っていたのである．電気事業やガス事業に関わる諸規制は社会的規制を含め，基本的にはこの公共責務に由来するものである．一部の事業分野が自由化されることがあるにしても，公共責務そのものがなくなるわけではない．また，この公共責務が社会的共通資本としてのインフラストラクチュアの整備と維持に結びついている限り，すべての事業分野が自由化されることもあり得ない．

現在の日本において，電気のない生活はほとんど考えられないほど，電気は生活と産業に深く根づいている．それゆえ，電気が「必需性」ある財とされるわけである．そのこと自体は自明であるが，逆に，あまりにも身近にあり，空気のような存在であるがために，そのありがたさに気づくことなく通り過ぎてしまう類の財になってしまっているとも言える．そのため，地震その他の天災などにより，いったん，その供給が途絶える事態になると，近代生活のもろさが露呈される結果となる．近代都市はいうまでもなく，すっかり電化されきった農村地帯においても，電気の存在は当たり前であり，生活および産業にとっての基本条件となっているのである．

しかしながら，振り返ってみると，日本全国が等しくこのような電気による近代生活を享受できるようになったのは，それほど昔のことではない．とりわけ，北海道は，第2次大戦後，高度経済成長が末期を迎える時期おいてさえも，無灯火集落あるいは供給責任ある「電気事業会社」から見離された地域がなお存在し続けていたのである．実際，資本の拡大が均等に進まないのと同様に，地域間の経済成長も平等であることはほとんど不可能であろう．1国の経済は，むしろそのような地域間経済の不均等発展を前提にしながら，

絶えず均衡点を求めながら動いていくものである．「無灯火集落解消問題」は，このような地域間不均等発展を背後に抱えながら，なおユニバーサル・サービス供給を全国的に展開しようとする当時の行政担当者と民間事業者の努力の現れであり，しかも，それは地域住民にとっては，ささやかながらも切迫した要求の実現方向であったのである．

2. 第2次大戦後の無灯火集落解消政策

本来，無灯火集落は必ずしも農村地区に限定されるものではないが，わが国の無灯火集落の多くは，地域によっては，漁村地域が対象となることがあるが，基本的には農村地域にあると考えてよいであろう．したがって，無灯火集落解消問題が「農村電化」問題と重なって議論されることが多いのが実状である．「農村電化」は，電動機や揚水ポンプなど農業生産における「電気導入」という技術的な意味合いと，それにとどまらない農村地域の生活者全体への電気供給という2つの意味合いで用いられる概念であるが，ここでは，もっぱら後者の意味合いで考えていくこととする．

上述の意味で考えられる「農村電化」あるいは無灯火集落解消のための政策として，第2次大戦後に展開をみた国の諸政策は次のようなものであった[2]．

(1) 昭和25年以降における政府融資による小水力発電所建設の促進
(2) 昭和26年における開拓地電気導入補助政策
(3) 昭和27年における「農山漁村電気導入促進法」の制定
(4) 「離島振興法」の制定に伴う昭和29年以降の離島電気導入補助政策
(5) 昭和34年以降のへき地電気導入補助政策
(6) 昭和37年以降の九州および北海道における共同自家用電気施設の改修（一部当該施設の電力会社移管）補助政策

(1)の政策は，「対日援助見返資金」による融資に基づくものであるが，北海道では，その前年（昭和24年），すでに「北海道自家用小発電施設補助規

則」を制定し，200 kW 以下の発電施設建設費に対して2分の1の道費助成を行なっている．また，昭和26年には，「農林漁業資金特別融通法」により，長期融資の措置も講ぜられ，北海道の小発電施設による電化組合の多くは道費助成とともに自己資本の造成にこの融資を受けている[3]．そして，これらの無灯火解消政策の一環として，昭和26年からは，(2)の開拓地における電気導入に対しても補助政策が実施されるようになるのである．さらに，本土の無灯火解消と併行して，離島振興対策の促進の観点から昭和29年からは，離島電気導入補助政策(4)も実施に移されることになる．

　以上の諸政策の集大成として，時期は前後するが，昭和27年に「農山漁村電気導入促進法」が制定され，本格的な「農村電化」に着手することになる．この法律は，松田鉄蔵衆議院議員ほか62名による議員立法であるが，これだけ多くの議員が立法に賛同していることから，それだけ多くの地域で「農村電化」が求められていたという，当時の農村地域における電気事情の深刻さが理解される．松田鉄蔵議員はその立法趣旨を次のように述べている．

　　戦後，わが国の民主化を推進いたしますためには，総人口の半ばを占める農山漁村の生活文化を向上あわせて農林漁業の生産力を高めることが最も肝要であります．しかるに，わが国農山漁村の実情を見ますと，いまだに電灯さえなく文化の恵みを受けることのできない農山漁家が全国で20万戸を越える状況であります．さらに，導線が入っておらないために，生産にぜひとも必要な動力機械を使うことのできない農山漁村も全国に多数存在している現状であります．これら未点灯部落，あるいは電力不足地域に生活しております農林業業者が万難を排して，電力を導入しようと熱烈な要望を抱いていることは，きわめて当然のことであります．従いまして，戦後見返り資金あるいは農林漁業資金導入法によりましてある程度の資金が供給され，現在までに約百箇所ほどの小水力発電所が建設された次第であります．しかしながら，これだけでは単に一部の希望を満たしたにすぎないのでありまして，いまなお数百箇所の

結　無灯火集落解消問題と公共性　　　　　　　　　191

地点で建設を希望していながら資金を得られないため，貧しい暗い生活を余儀なくさせられている状況であります．従いましてわれわれといたしましては，これら恵みを受けることの少ない人々に，光を与えようといたしまして，この法案を提案いたす次第であります[4]．

　当時の農山漁村地域における電化の必要性を端的に表現した提案説明である．この法律以前の法律による援助とこの法律の関連規定の整備によって，へき地無灯火地域に対する融資制度はほぼ体系的に整えられることになったが，さらに，昭和34年度からは，従来，農林漁業金融公庫融資しか認められなかった開拓地および離島以外の，いわゆる「へき地」についても補助により電気導入が推進されることになった[5]．
　これらの政策実施の結果，急速に無灯火集落の解消が進むことになる．米本実氏によると，昭和24年から昭和37年度にいたる北海道における無灯火解消戸数は91,488戸におよぶが（表7-1参照），昭和37年度末現在において，なお22,000戸におよぶ無灯火戸数が残存している[6]．これを，杉野純一氏の別の数値で確認すると，昭和25年度末において未点灯世帯数94,438であったものが，昭和36年12月末においても，なお23,430世帯が未点灯とされている[7]．昭和25年に94,000戸余りあった未点灯世帯は，解消数が米本氏の言う通りであれば，ほぼなくなることになるが，なお，2万戸余り残っているのは，同期間に増大した総世帯のうち相当数が未点灯であったことを示唆している（表7-2参照）．同時期の北海道における農村電気事業と公的投資の関連について調査研究した北倉公彦氏は，「戦後の1948年に農林省農村工業課が行なった調査によれば，全道で10戸以上が未点灯の部落数は2,369，戸数は84,341戸となっているが，これらのほとんどが農村部にあると考えられるので，当時の総農家戸数（233,611戸）に対する割合にすると36％に相当する．全国では未点灯部落の農家戸数は5％程度であるから，いかに北海道の農村部の電化が遅れていたかがわかる．54年に行なわれた悉皆調査でも2,490部落，51,604戸，総農家戸数（234,935戸）の22％が未

表7-1 無灯火解消戸数推移（昭和24～37年度）

年度	小発電	既存農漁家	入植	合計
	戸	戸	戸	戸
24	3,129	—	—	
25	7,694		—	
26	2,504		542	56,947
27	4,339	35,329	561	
28	684		1,172	
29	—		993	
30	—	8,214	1,300	9,514
31	—	2,116	1,055	3,171
32	—	1,642	1,135	2,777
33	—	978	1,088	2,066
34	—	668	1,193	1,861
35	—	1,696	1,819	3,515
36	—	2,777	2,529	5,309
37	—	4,146	2,185	6,331
合計	18,350	57,566	15,572	91,488

(注) 1. 小発電は24～28年度道費補助によるもの．
　　 2. 既存農漁家は25～33年度農林漁業資金の融資によるもの 34～37年度国費，道費補助によるもの（員外戸数を含む）．
　　 3. 入植には風力発電によるものを含む．
(出所) 米本実「北海道における無灯火部落の解消について」北海道公益事業調査協議会編『本道におけるへき地農山漁村電気導入に伴う諸問題』1963年，2ページ．

表7-2 未点灯戸数の変せん

	昭和25年度末	30年度末	34年度末	36年12月末
総世帯数	809,076	897,534	1,078,208	1,119,199
未点灯世帯数	94,438	52,206	32,836	23,430
未点灯率%	11.7	5.8	3.0	2.1

(注) 総世帯数は北海道市町村勢要覧による（ただし昭和34年度末の総世帯数は35年10月1日施行の国勢調査速報により，36年12月末現在の総世帯数は36年6月1日現在の道統計課調査による）未点灯世帯数は当社の調査による．
(出所) 杉野純一「へき地農漁村の電化について」北海道公益事業調査協議会編『本道におけるへき地農山漁村電気導入に伴う諸問題』1963年，11ページ．

点灯となっている．なお，未点灯部落が増加しているのは前回の調査もれと旧制開拓事業が進展し入植部落が増加したことによるものである」[8]と，指摘している．このように，北海道における農村電化問題には，単に広大な農

村地域における「電化」にとどまらず，戦後北海道における開拓入植という問題が介在していることに留意が必要なのである．

電気事業者からの送配電をあてにできず，小水力や小火力等によってかろうじて電気供給に着手するにしても，その経営と運転は困難を極め，都市部における比較的安定した電気事情をこれら地域に期待することは到底できるものではなかった．とりわけ，需要家が負担する経費の大きさは都市部の比ではなかった．節を改め，これら地域における電気事業の経営問題について考えてみることにしよう．

3. 農山漁村地域における電気事業経営

当時，無点灯農山漁村における電気導入方法としては基本的に次の3つの方法が存在した．
(1) 一般供給方式
(2) 共同受電自家用方式
(3) 自家発電方式

(1)は，電気事業者の配電網から一般の需要家と同様に供給を受ける方式で，流通過程における需要家の所有部分はまったくなく，需要家が総工事費の一定額を負担する方式である．農村電化の気運の高まりとともに，多くの未点灯が一般供給方式によって解消されたが，この場合も，当然需要密度の高い，動力需要が見込まれる地域という諸条件に制約され，その地域はほとんどが稲作地帯に限られたが，かんがい揚水機場の設置も盛んに行なわれたので，揚水用配電線路を利用してその地区の一般農家への電化も併せて行なわれたこともあって，昭和25年ごろまでにこの方式で本道では約63,000戸の電化が行なわれた[9]．

また，(3)は，電気事業会社の配電線から著しく遠距離にあるため，(2)の共同受電自家用方式による電化も困難な地域おいて，需要家たちが自ら設備を設置，発電・配電事業を行なうものである．電源としては小水力，内燃力，

表 7-3　離島自家発電について

事業主体名	地区名	出力 常時	出力 最大	受益戸数	建設年月	備考
奥尻村電利漁協	大岩生川	86kW	200kW	1,451 戸	37 年 3 月	水 力
〃	ホヤ石川	106	170		36　3	〃
利尻漁協連合会	鴛　泊	70	170		33　5	〃
〃	清　川	52	75	} 3,579	34　12	〃
〃	沓　形	425	425		25　12	内燃力
〃	〃	230	230		40　1	〃
礼文町船泊漁協	ウエンナイ	2.5	3	11	38　3	水 力
〃	船　泊	200	200	698	34　11	内燃力
羽幌町天売, 焼尻	焼　尻	120	120	622	36　1	〃
電気利用漁協	天　売	100	100		36　1	
計	10　件	1,391.5	1,523	6,361		

(注)　1.　39.3.31 現在道調査による
　　　2.　ただし,利尻島は,40.3.31 現在である.
(出所)　北海道電力『北海道における未点灯部落電化について』1965 年,17 ページ.

風力等がある．離島はほぼこの方式によらざるを得なかったのは海を隔てた本土との距離という客観的条件に規定されたものである[10]．北海道における離島における自家発電がもっぱら当該地域の漁業協同組合または電気利用漁協が母体となって設立された組織によって担われていたことは，表7-3からうかがえるところである．

(2)の共同受電自家用方式については，既に若干触れてきたところであるが，いま少し導入経過について説明しておこう．この方式は，需要家が電気利用組合を結成して配電設備を施設し，電気事業会社から一括受電をすることによって，当該地域の需要に応えるものである．このような共同受電自家用組織に対し，電気事業会社が大口電力または業務用電力契約に応ずる形となるのが一般的であるが，北海道の「赤井川村電気利用組合」は「田中鉱業㈱轟鉱山」(水力 220kW)，「川北電気購買利用組合」は「王子製紙㈱」からの特定供給であった[11]．

共同受電方式は，当初は市街地の近傍で電気事業者の社線に恵まれ限られた地区で，小規模の申し合わせ利用組合方式によるものがほとんどであった．

結　無灯火集落解消問題と公共性　　　　　　　195

施設の内容も，単に灯火を充足する考えから，高圧線には鉄線を，低圧線も最低の太さのもの，変圧器は戦時規格品，屋内配線および器具等も極めて貧弱なものであった[12]．受電施設のところまで電気事業者の配線が来ていながら，その先の配電事業を電気事業会社が行なわないのは次のような事情があった．すなわち，当時の電気供給規定，たとえば「北海道電力」のそれによれば，総工事費が電灯契約1口当たり55,000円，電力契約1kW当たり33,000円を精算した範囲内であって，年間収入額が総工事費の12％以上であれば，一般受電の対象となった．一般の場合，定額電灯および従量電灯の1需要家当たりの工事費会社負担限度額は，契約1口当たり10,900円となっており，工事費がその額より上となる場合はその差額が工事費負担金となる．未点灯部落の場合は，工事費が電灯契約1口当たり22,700円，電力契約1kW当たり12,300円を精算した額までのものは一般の場合と同様電灯契約については1口当たり10,900円を，電力契約1kW当たり5,900円を会社が負担するが（電気供給規定第1部一般規定別用工事負担金規定別表(1)に規定する工事会社負担限度表に規定されている），この22,700円，12,300円を超える場合は，電気事業法第21条ただし書きの認可をうけて工事費の全額を負担金とすることにしている[13]．

　一般受電が可能な費用負担条件が上記のようであれば，北海道における無灯火部落がこの条件に収まることは難しく，離島を含め，最初から一般受電をあきらめながら，それでも電気を求める声に押されて自家発電方式に頼る部落が現れたのは電気の効用を考えれば合点のいくところである．共同受電自家用方式は，一般受電と自家発電方式の中間にあって，電気事業者の送配電線までいま少しの距離のところにありながら，需要家の工事費負担金と事業会社の工事負担限度額とのせめぎあいの結果として生まれた妥協の産物であった．北海道がこのタイプによって無灯火部落の解消を推し進めることになったのは，基本的にはその地域の広大さと需要密度の低さによるものであるが，電化に伴う工事費が一般需要家に比べて著しく高いこうした需要家を抱えることが電気事業者の経営を圧迫し，ひいては全体の料金の引き上げに

表7-4 各社別1需要家当り配電線亘長および建柱数

	契約需要家数	配電線亘長		建柱数	
		総亘長	1需要家当り亘長	総基数	1需要家当り基数
北　海　道	955,703	27,563km	0.029km	522 千本	0.6 本
東　　　北	2,466,631	71,935	0.029	1,616	0.7
東　　　京	6,420,300	82,509	0.013	1,938	0.3
中　　　部	2,819,926	52,071	0.018	1,033	0.4
北　　　陸	634,823	14,189	0.022	305	0.5
関　　　西	3,872,398	41,550	0.011	987	0.3
中　　　国	1,677,719	43,121	0.026	793	0.5
四　　　国	965,308	24,115	0.025	420	0.4
九　　　州	2,681,155	58,984	0.022	1,110	0.4
北海道を除く8社計	21,538,260	388,474	0.018	8,202	0.4
全　社　計	22,493,963	416,037	0.018	8,724	0.4

(注) 1. 39.3.31 現在，電気事業報告書による．
　　 2. 契約需要家数＝電灯－臨時電灯＋業務用電力
(出所) 北海道電力『北海道における未点灯部落電化について』1965年，20ページ．

つながる恐れがある，との理由で一般受電を断られ，やむなく共同受電自家用方式の採用となった[14]，という背景が重要である．北海道が，電気事業経営上最も重要な需要密度にいかに恵まれないかを表7-4が端的に示している．

共同受電自家用方式がこのような事情から生まれたものとするならば，その後，当該地域において需要家数，需要量が増大することによって，一般受電の要件を満たす共同受電自家用事業者が現れ，一般供給への切り替えが行なわれることになる．

4. 共同受電自家用方式の一般供給への切り替えについて

共同受電自家用施設の一般供給方式への切り替えをめぐっては，次のような指摘がなされている．

　　共同受電自家用方式によるものは，昭和37年3月現在で348件，35,735戸であるが，それぞれ電気利用組合が保守管理を行なうので，

その良否は経年と共に著しい設備の差を生じつつある．既に老朽化して改修を要するものに対し，昭和37年度より道費による改修費の補助がなされるようになったが，昭和38年度よりは国費および道費による補助がなされることとなった．

　共同受電自家用のうち，電気利用組合の希望があり，且つ一般供給規準に合致するものは，当社（北海道電力）基準に合致するよう，設備改修の上で，無償譲渡を受けて，各戸供給とすることとする[15]．

　こうした指摘からも分かるように，無灯火部落解消のため，いわゆる「共同受電自家用方式」を採用して電化を達成した地域において，その設備の劣悪さを改善する目的で助成措置が講ぜられることになったこと，にもかかわらず，その効果が十分に現れることなく，今度はその設備を地域電気事業者に引き取ってもらう段階で，再度，そうした設備の改善をなさないと引き取りそのものが実現できないという問題を抱えていたことが理解されるのである．すでに，「屋久島」における組合営3電気事業の設備譲渡をめぐって，「九州電力」との間でなかなか折り合いがつかないことを指摘しておいたが，条件不利地域において電気事業を行なってきた自前電気事業者が，設備や技術の点で専業者たる「電力会社」と同水準で事業を行ない得ると考えるのは困難であろう．こうした事情について，『北海道農山漁村電化の歩み』に拠りながら，いま少し掘り下げて見ておこう．

　山間へき地等のいわゆる電気供給限界地域における未点灯部落へ，電力会社の既設の配電線を延長することにより，電気導入を行なおうとする場合，当該工事に要する費用の負担方法は，各社が通商産業大臣の認可を受けた電気供給規定に基づいて定めたところによるということについては，すでに前に述べた通りである．

　この場合，「北海道電力㈱」においては，工事費がある一定限界をこえる場合または収益率以下である場合は，配電線延長工事費の全額を需要家が負

担しても，配電線延長による一般供給を行なわない場合がある．このような場合において，未点灯部落がそれでも電気を導入したいというときには，共同自家用受電施設を建設し，かつ当該施設の維持管理および運営を自らの責任において実施するという前提で，必要な電力のみを会社の既設配電線のある1点で一括購入し，当該購入電力を組合員に配電するという，いわゆる共同受電施設による方法をとらなければならない．また，この共同受電方式さえも経済的に引き合わないような地域では，自家用の小水力発電施設または小火力（内燃力）発電施設で電気の自給自足をしなければならないところもかなりあった．

　いずれにしても，このような共同自家用施設は，電力会社としては採算のとれない地域であるから，そのような地域における農林漁業団体が，共同自家用受電施設をもって小規模の電気事業的な事業を営むわけであるから，経済的に採算がとれないことは自明の理であり，かつ技術的にも電気の素人が電気事業者とおなじようなことをやってゆかなければならないのであるから，もともと無理な話である．……通産省が昭和41年度において北海道について行なった実態調査によると，おおむね687地区，53,261戸が共同自家用受電施設による電気供給を受けている．

　こうした共同自家用電気施設を持って電気を利用している地区では，受益農山漁家が一般地区の3倍から5倍の電気料金を負担しており，それゆえ需要家負担をできるだけおさえるために，保守管理のための経費を節減し，修繕は応急措置程度にとどめ，減価償却は十分になされず，結局は食いつぶしになるという傾向が大なり小なりみとめられる．

　したがって，こうした施設を抱えた地区では，これを電気事業者に吸収統合してほしいという強い願望が沸き起こるのである．その結果，北海道では，昭和40年7月26日に開催された「全道農山漁村電気施設者大会」において，「電気施設の北電移管ついての決議」がなされ，共同受電自家用施設の電気事業会社への移管問題が大きな前進を見るところとなったのである．

　こうした運動の高まりを背景にして，「北海道電力」としてもその腰を上

結　無灯火集落解消問題と公共性

げざるを得ないことになる．しかし，<u>当該施設を引き受ける立場からするならば，いかに「公益事業」とは言うものの，私企業としての性格をも持っている関係上，いうなれば赤字ローカル線を背負い込むのと同様のなやみがある</u>．しかも，「北海道電力」の場合は，管内で所有する配電施設のほぼ半分に近いものが共同自家用施設であるのに対し，需要家戸数においては「北電」に係わる需要家の約 6% 程度に過ぎない．

　全道 537 地区に及ぶ共同自家用電気施設を「北海道電力」に移管するためには，多くの道費，市町村費，公庫資金等を投資することは，地元としてはいうまでもなく望むところであろうが，国民経済的にみて妥当であろうかという見方がある．ことに，これら施設は，新規導入時およびその後の改修時にすでに多額の国費，道費，市町村費および公庫資金等を投入してきた施設であることを考えるとなおさらである．

　しかし，農林省は，今後さらに相当の国家投資をしても共同自家用電気施設を地域電力会社に移管した方が国民経済的にみて有利であると判断した[16]（下線は筆者による）．

　以上，やや長くなったが，『北海道農山漁村電化の歩み』の叙述によって，山間へき地や離島など，供給責任ある電気事業会社の設備，とりわけ送電線や配電線から遠距離にあり，かつ需要密度が低いといった，条件不利地域における電気導入が極めて困難な道のりを経て今日に至っていること，また，この設備を当該地域の電気事業会社に譲渡することによって移管を実現する道も平たんではなかったことを確認し得た．筆者が，改めて第 2 次大戦後の無点灯部落解消問題に着目したのは，この問題の中に，今日，社会的に大きな論争テーマとなっている「自由化」とユニバーサル・サービスの供給責任の実現の間に立ちはだかる基本問題の原点があると考えたからに他ならない．

　米本氏は，前述の論考のむすびにおいて，次のように述べている．

　　本道のへき地電気の問題はたとえ無灯火部落を解消し得たとしても現

行制度ではどうしても救い得ない苦悩をもっている．即ち一般供給に比して極めて割高な運営費と自力により実施しなければならい保守管理に基づく苦悩である．

　同じ道内に住み，しかも生活環境の整備されないへき地の住民のみがこのような苦悩に押しひしがれていることは，そのよって来るところが光と熱と力をもたらす電気であるだけに一日も早くその対策を講ずる必要が痛感されるところであり，この苦悩を解消することこそ今後の行政に課せられた大きな課題といえよう．

　新規導入にしても，既設の共同受電にしても総べて一般供給として電力会社が管理運営することが理想である．しかし配電条件の極めて悪い本道のへき地電気対策という大きな負担を独り電力会社のみに強いることは現状において不可能であろう[17]．

こうして，米本氏は，国の電力会社に対する助成，各電気組合に対し一定以上の過重負担に国費助成，などの必要性を指摘するのである．

また，電力会社（北海道電力）はこの問題に対して次のように主張している．

　　北海道は地域的特殊事情と戦後の約45,000戸にものぼる大規模な入植のため25年度末において，未点灯戸数約94,000戸という悪条件にあったが，関係機関の協力の下，その電化実績は著しいものがあり，ここ2～3年のうちには未点灯部落はほぼ解消するものと期待されている．

　　しかしながら，今後の大きな問題として共同受電自家用，小水力，離島がある．特に共同自家用は40年3月末で約43,400戸があり当社においても38年度以降毎年1千ないし3千戸の一般供給切り替えを取り進めているが前述の如く，へき地における需要は需要に比して過大な設備を必要とするため保守並びに収支採算上からも早急に解決が困難な問題が多い．即ち仮に共同受電自家用全部を一般供給に切り替えた場合の年

間赤字は約7億円と試算され，……今後，更に逐年赤字負担は増大することになるが当社としては経営の合理化等によって極力これを吸収しつつ今後も本道の未点灯部落解消のため特段の努力をすることとしている次第である[18]．

　以上のような叙述から，電力供給というユニバーサル・サービスのひとつを条件不利地域において展開する際に考えなければならない問題の要点を確認できるであろう．すなわち，費用対効果の観点からいって，条件不利地域における電気事業は営利事業としては本来的に成立し得ないこと，したがって，そのような地域で事業を行なうことは，その費用補填システムを構築せざるを得ないこと，その補填が不十分な場合，当該地域の消費者の大きな負担，あるいは，最終的に政府や自治体など公的財政支援が求められるということである．また，条件不利地域における事業を電力会社に付託することは，結局は当該電力会社の供給地域に生活する消費者全体の負担において条件不利地域の事業が継続されることを意味している．国民生活にとって必需的なサービスをユニバーサル・サービスとして供給するということは，1国が何らかの地域性や階層性をその内部に抱え込んでいる限り，上述のような「内部補助」的な仕組みを持たざるを得ないのである．現実の社会国家が多様な人格と文化を備えた地域住民を構成メンバーとする複層的な地域・階層によって混成されたものであり，モノラルな平板社会ではあり得ないことを確認すべきである．

　日本がどんなに経済発展しようとも，より発展した地域とそれ以外の条件不利地域が必ず生まれる．そのときに，条件不利地域に対して国民としての最低限の生活条件（それは時代とともに変わらざるを得ないが）をいかに確保するか，その生活条件がシビルミニマムやユニバーサル・サービスに関わるものであればあるほど，地域住民から付託された責務に応えるべく組織された国や自治体の行政は，最大限その役割を果たさなければならない．そして，枠組みの大小を別とすれば，行政であれ，公益事業会社であれ，こうし

た財・サービスの供給に関わる機関は，客観的社会条件に規定された条件格差を埋めるための調整機能を最初から備えていなければならないのである．この問題を考える上で，象徴的な例が郵政民営化をめぐるユニバーサル・サービス維持問題であろう．

　長年にわたる郵政事業をめぐる民営化論議にひとつの決着を与えるものが2003年4月に発足した「日本郵政公社」であった．民営化論議の論点は多岐にわたり，この議論自体は別稿に譲るとして，電気事業におけるユニバーサル・サービス問題との関わりに限定して，いくつか指摘しておきたい[19]．郵便事業におけるユニバーサル・サービスの要点は，郵便料金が全国一律であること，居住者のできるだけ近い場所に郵便サービスを行なう拠点を置くこと，基本的にはこの2点に集約される．そして，これに加えて，郵便貯金，簡易保険，振替サービスなど，今日郵便3事業といわれる統合サービス供給の全システムがユニバーサル・サービスを支える基盤となっている．このようなネットワーク・システムはわが国の歴史と文化，とりわけ明治以降の経済社会の形成と深く関わっていると言える．地方分権や地域の時代ということがかまびすしい現代，また，文化の土着性や個性が強調される時代と言われる現代にあって，日本全国どこにいっても存在する郵便施設は，ある意味，日本社会の集権制，中央政治が地方にまでくまなく行き渡っていることを象徴しているようにも思える．確かに，鉄道や通信制度がそうであったように，「交通制度」が深いところで，政治の集権化に貢献してきたことは疑いないところである．しかし，同時に，こうした「交通制度」を媒介にしながら各地方，各地域でばらばらに分断されていた住民が「国民」として包括されるプロセスが進行していったことも明らかであろう．政治と経済の支配層が集権化されていくのに対し，その対抗勢力（時に農民であったり，労働者であったり，はたまた組織されない住民であったりするが）も，国民として統合化する傾向を持たざるを得なかったのである．その際，有効な通信手段を手にしていなければ，それゆえ，ばらばらな個人のままであれば統合化それ自体が難しいことになる．全国一律の郵便サービスは，一方で，為政者にとっ

ての集権化手段ではあるが，同時に他方では，被支配者にとっても集合した力を発揮するために必要な手段となるのである．この後者の側面が，メディアを含め，80年代後半の東ヨーロッパにおける「革命」に決定的な役割を果たしたことが，しばしば指摘される．この点は，社会的インフラが，一面的に規定されてはならないということを示す重要な事例であるが，根本的には，これら社会的共通資本の中核を構成する諸インフラが，一般的生産手段と社会的共同消費手段の2つの側面を併せ持っていることに起因すると考えられる[20]．

　電気事業に限らず，人々の生活において「必需品」と言われる財やサービスを供給する事業者がどのような企業形態や機関の形をとるか，その国の歴史やおかれた客観的条件によってさまざまな形があり得るであろう．筆者は，そうした機関が，公企業，公益企業，民間企業あるいは第3セクターというような形態をとり得る可能性を否定するものではないし，どれか特定の形態をとらなければならないことを主張するものでもない．そうではなく，どのような形態をとろうとも，その機関が持たなければならない本質的な機能を問題としているのである．すなわち，電気財が必需性ある財であることを前提しながら，そのような財を供給するシステムが消費者と場合によっては生産者（供給者）をも含めた共同システムとしてのみ存在し得ること，したがって，そのようなシステムは，最初から地域社会における共同の場としてのみ良く機能し得るということである．筆者が，再三引き合いに出す，縄田氏の主張，「地域共同」の意味で「公益」を捉えなければならないという主張に賛同するのは，まさにこの意味においてである[21]．ユニバーサル・サービスという概念は，本質的に「普遍的」かつ「一般的」なものでなければならないのは当然である．しかし，その発現の場は「具体的」かつ「個別的」でなければならない．「市民的公共性」や「公共圏」という概念も，一定の地域社会を前提にした具体的な人間たちの交渉過程のうちにその基盤を持たなければ，そして，これを前提とした企業や機関が形成されることによって，地域住民の求める必需財供給システムが確立されることがなければ，実質的

な力と意味を持つことにはならないのではなかろうか.

筆者が,「公益」は「不特定多数の利益」や「全体の利益」と捉えられるべきではなく, むしろ,「社会的にみると少数派ともいえる階層」,「低所得者層, 身体および知的障害者, 老齢者・年少者」といった「社会的弱者」, したがって, 各種のマイノリティを社会にとっての不可欠の構成メンバーとして認め, その生活を擁護することに「公益」の本質があると理解すべきである[22], と主張したのも, このような関連を意識してのことであった. 地域共同社会の実現に向けて,「1人が万人のために. 万人が1人のために」という標語がしばしば用いられる. しかし, この標語が実態として意味しているところは「1人が万人のために」ということであって, 個々人が全体のために奉仕することを求める点に主たる含意があるように思われる. もし, そうであれば, この標語は「滅私奉公」的な方向と紙一重である. しかし,「公益」が「地域共同」の利益として実現される方向は,「全体のため」「万人のため」ではなく,「万人は1人のため」という方向にあるのではないだろうか. もちろん, ここでいう「1人」は, 抽象的な1人の人間ではなく, 限りなく具体的な地域住民として表象されなければならず, そのとき初めて,「1人のため」という実質が確保されるのである. 万人にとっての共通価値が収斂される具体的人間の存在なくしては,「公益」の確定は困難である. したがって,「公共性」や「公益」の意味も,「不特定多数」や「国民全体」というような拡散の方向においてではなく, 基本的人権を有する具体的人間の存在という収束の方向においてこそ, 初めて捉え得るものと解すべきであろう.

注
1) 本書第1章第2節および第4章参照のこと.
2) へき地未点灯解消記念会編『へき地未点灯解消のあゆみ』昭和42年, 67ページ.
3) 米本実「北海道における無灯火部落の解消について」北海道公益事業調査協議会編『本道におけるへき地農山漁村電気導入に伴う諸問題』1963年, 2ページ所

収.
4) 北海道農山漁村電気協議会連合改編『北海道農山漁村電化のあゆみ』昭和48年, 48-49ページ.
5) 同上, 1ページ.
6) 表1, 米本, 前掲論文, 2ページ.
7) 杉野純一「へき地農漁村の電化について」北海道公益事業調査協議会編『本道におけるへき地農山漁村電気導入に伴う諸問題』1963年11ページ参照.
8) 北倉公彦『北海道酪農の発展と公的投資』筑波書房, 2000年, 87ページ.
9) 北海道農山漁村電気協議会連合会, 前掲, 13-14ページ参照.
10) 北海道電力『北海道における未点灯部落電化について』1965年, 14-17ページ参照. 特に, 離島の自家発の状況については, 表3を参照のこと.
11) 北海道農山漁村電気協議会連合会, 前掲書, 15ページ.
12) 同上.
13) 同上書, 14-15ページ.
14) 同上, 14ページ参照.
15) 杉野純一「へき地農漁村の電化について」, 北海道公益事業調査協議会, 前掲書所収, 12ページ.
16) 北海道農山漁村電気協議会連合会, 前掲書, 103-121ページ参照.
17) 米本, 前傾論文, 9ページ.
18) 北海道電力, 前掲書, 18ページ.
19) 小坂直人「ユニバーサル・サービスと公共責務」北海学園大学『開発論集』第67号, 2001年3月および本書第6章参照.
20) 宮本憲一『社会資本論』昭和48年7月参照.
21) 縄田栄次郎『公益産業論序説』千倉書房, 1986年参照.
22) 小坂直人『第三セクターと公益事業』日本経済評論社, 1999年.

参考文献

浅賀幸平 [1974]「アメリカ電気事業と反トラスト問題―オッターテイル電力事件を例に―」『公益事業研究』第26巻第1号.

虻田町史編集委員会 [2002]『物語虻田町史別巻・2000年有珠山噴火・その記録と教訓』虻田町.

荒川泓 [1996]『エネルギー3つの鍵：経済・技術・環境と2030年への展望』北海道大学図書刊行会.

飯島昭彦 [2001]『電力系統（ライフライン）崩壊―自由化への警鐘―』エネルギーフォーラム.

石井晴夫編著 [1996]『現代の公益事業―規制緩和時代の課題と展望―』NTT出版.

井上達夫 [1999]『他者への自由・公共性の哲学としてのリベラリズム』創文社.

今井弘道編 [2001]『新・市民社会論』風行社.

植草益 [1991]『公的規制の経済学』筑摩書房.

植草益編 [1994]『講座・公的規制と産業①電力』NTT出版.

植草益編 [1997]『社会的規制の経済学』NTT出版.

植草益・横倉尚編 [1994]『講座・公的規制と産業②都市ガス』NTT出版.

植田和弘 [1992]『廃棄物とリサイクルの経済学』有斐閣選書.

上田慧 [1985]『転換期のアメリカ企業』同文舘.

宇沢弘文・高木郁朗編 [1992]『市場・公共・人間：社会的共通資本の経済学』第一書林.

大貫敦子 [2001]「排除された〈私〉の言葉―ドイツ市民社会における公共圏形成の言説とジェンダー―」『思想』6月.

大沼盛男・小田清・小坂直人・加藤光一編 [1995]『揺れ動く現代世界の経済政策』日本経済評論社.

小野善康 [2001]『誤解だらけの構造改革』日本経済新聞社.

川口弘・川上則道 [1989]『高齢化社会は本当に危機か』あけび書房.

片岡寛光 [2002]『公共の哲学』早稲田大学出版部.

岸井大太郎「電力改革と独占禁止法―託送と〈不可欠施設（エッセンシャル・ファシリティ）〉の法理―」『公益事業研究』第52巻第2号，12月.

北倉公彦 [2000]『北海道酪農の発展と公的投資』筑波書房.

北久一 [1967]『公益企業論』東洋経済新報社.

木船久雄 [2002]「海外事例から見た電力規制緩和〈失敗の教訓〉」『エネルギーフォーラム』，3月.

木本忠昭編著［1993］『生物としての人間・地球環境セミナー⑥』オーム社.
栗原東洋編［1964］『現代日本産業発達史Ⅲ　電力』現代日本産業発達史研究会.
現代公益事業講座編集委員会編［1974］『公益事業概論』電力新報社.
憲法理論研究会編［1998］『国際化のなかの分権と統合』敬文堂.
公益事業学会編［1989］『現代公益事業の規制と競争：規制緩和への新潮流』電力新報社.
神戸市［2000］『阪神・淡路大震災神戸復興誌』.
コッカ，ユルゲン［2003］松葉正文・山井敏章訳「歴史的問題および約束としての市民社会」『思想』9月.
後藤玲子［2002］『正義の経済哲学—ロールズとセン—』東洋経済新報社.
小林健一［2002］『アメリカの電力自由化』日本経済評論社.
小松隆二［2000］『公益学のすすめ』慶応大学出版会.
齋藤純一［2000］『公共性』岩波書店.
斉藤日出治［1998］『国家を越える市民社会』現代企画室.
佐々木毅・金泰昌編［2001-2002］『公共哲学』全10巻，東大出版会，特に「第1巻　公と私の思想史」，「第2巻　公と私の社会科学」，「第3巻　日本における公と私」，「第4巻　欧米における公と私」，「第6巻　経済からみた公私問題」，「第7巻　中間集団が開く公共性」.
佐々木弘編著［1988］『公益事業の多角化戦略』白桃書房.
資源エネルギー庁公益事業部編［2000］『電力構造改革』㈶通商産業調査会.
四宮博［2003］「2000年有珠山噴火災害における洞爺湖温泉供給施設の復旧対策について」洞爺湖温泉利用協同組合.
関島久雄編［1989］『現代日本の公益企業』日本経済評論社.
壮瞥町［2001］「平成12年有珠山噴火災害・壮瞥町復興計画」，7月.
壮瞥町［2001］「平成12年有珠山噴火災害・壮瞥町復興計画（実施計画）」，12月.
総理府『阪神・淡路大震災復興誌』，平成12年.
伊達市［2001］「2000年有珠山噴火災害・伊達市防災まちづくり計画」，7月.
谷江武士・青山秀雄［2000］『日本のビッグインダストリー④電力』大月書店.
通産省編［2000］『エネルギー2000』電力新報社.
電気事業講座編集委員会編［1986］『電気事業講座3　電気事業発達史』電力新報社.
電力政策研究会編［1965］『電気事業法制史』電力新報社.
豊泉周治［2000］『ハーバーマスの社会理論』世界思想社.
中村健吾［1996］「現代ドイツの『市民革命』論争—ハーバーマス，グラムシ，ヒルシュ—」大阪市立大学『経済学雑誌』第97巻第1号.
縄田栄次郎［1986］『公益産業論序説』千倉書房.
西川祐子［2001］「〈私〉の居場所／居方」『思想』6月.
西村陽［2000］『電力改革の構図と戦略』エネルギーフォーラム.
日本エネルギー経済研究所編［1986］『戦後エネルギー産業史』東洋経済新報社.

参考文献

ネットワーク・ビジネス研究会編［2004］『ネットワーク・ビジネスの新展開』八千代出版.
野村宗訓編著［2000］『電力―自由化と競争―』同文舘.
ハーバーマス, ユルゲン［2003］瀬尾育生訳「われわれの戦後復興―ヨーロッパの再生―」『世界』8月.
橋本寿朗・中川淳司［2000］『規制緩和の政治経済学』有斐閣.
長谷川公一［1996］『脱原子力社会の選択：新エネルギー革命の時代』新曜社.
花田達朗［1996］『公共圏という名の社会空間』木鐸社.
林紘一郎・田川義博［1994］『ユニバーサル・サービス―マルチメディア時代の「公正」理念―』中公新書.
林敏彦編［1997］『公益事業と規制緩和』東洋経済新報社.
引山雅夫［2003］「曲がり角にきたドイツの電力自由化制度と企業経営」『エネルギーフォーラム』6月.
樋口陽一［1994］『近代国民国家の憲法構造』東大出版会.
平田清明［1969］『市民社会と社会主義』岩波書店.
藤原保信・三島憲一・木前利秋編［1987］『ハーバーマスと現代』新評論.
福井卓治編［1971］『北海道郵政百年史資料』山音文学会.
藤原淳一郎［2001］「組織を分離すれば後戻りできない・慎重かつ安全弁備えた制度設計を」『月刊エネルギー』3月.
藤原淳一郎［2001］「欧州におけるエッセンシャル・ファシリティ理論の継受(1), (2)」慶應義塾大学『法学研究』第74巻第2号, 第3号, 2月, 3月.
僻地未点灯解消記念会編［1967］『へき地未点灯解消のあゆみ』.
干川剛史［2001］『公共圏の社会学』法律文化社.
北海道［2001］「平成12年有珠山噴火災害復興計画基本方針」, 3月.
北海道新聞編［2002］『2000年有珠山噴火』北海道新聞.
㈶北海道地域総合振興機構・「レイクトピア」推進協議会エコミュージアム構想策定部会［2002］「洞爺湖周辺地域におけるエコミュージアム構想」, 3月.
北電10年史編纂委員会［1962］『北電の10年』北海道電力.
北電30年史編纂委員会［1982］『北のあかり―北海道電力創立30周年記念誌―』北海道電力.
北海道公益事業調査協議会［1963］『北海道における無灯火部落の解消について』.
北海道電気事業史編纂委員会［1978］『北海道電気事業史』北海道電気協会.
北海道電力［1960］『北海道における未点灯部落電化の現況と将来について』.
北海道電力［1965］『北海道における未点灯部落電化について』.
北海道電力室蘭支店［2000］『2000年有珠山噴火復旧記録』, 11月.
北海道農山漁村電気協議会連合会編［1973］『北海道農山漁村電化のあゆみ』.
丸山真弘［1997］「ネットワークへの第三者アクセスに伴う法的問題の検討―いわゆるエッセンシャル・ファシリティの法理を中心に―」『公益事業研究』第49巻第

1号, 1月.

丸山真弘 [1998]「ネットワークへの第三者アクセスに対する事業法からの規制」『公益事業研究』第50巻第1号, 10月.

丸山真弘 [2003]「電力危機以降のカリフォルニア―自由化法廃止に向けた動き―」『エネルギーフォーラム』6月.

宮本憲一・山田明編 [1982]『公共事業と現代資本主義』垣内出版.

宮本憲一 [1989]『環境経済学』岩波書店.

宮本憲一 [1998]『公共政策のすすめ―現代的公共性とは何か―』有斐閣.

室田武 [1993]『電力自由化の経済学』宝島社.

メドウズ, デニス・L.ほか [1972] 大来佐武郎監訳『成長の限界―ローマクラブ「人類の危機レポート」―』ダイヤモンド社.

森英樹編 [2003]『市民的公共圏形成の可能性』日本評論社.

八木紀一郎・山田鋭夫・千賀重義・野沢敏治編 [1998]『復権する市民社会論』日本評論社.

矢島正之 [1998]『電力改革』東洋経済新報社.

矢島正之編著 [1999]『世界の電力ビッグバン―21世紀の電力産業を展望する―』東洋経済新報社.

矢島正之, ロバート・グラニア [2003]「大幅に後退する米国電力自由化事情」『エネルギーフォーラム』6月.

山口定・佐藤春吉・中島茂樹・小関素明編 [2003]『新しい公共性―そのフロンティア―』有斐閣.

山崎俊雄・木本忠昭 [1994]『新版電気の技術史』オーム社.

山谷修作 [1995]『よくわかる新しい電気料金制度』電力新報社.

山谷修作編著 [1991]『現代の規制政策：公益事業の規制緩和と料金改革』税務経理協会.

山本英治編 [1982]『現代社会と共同社会』垣内出版.

山家悠紀夫 [2001]『「構造改革」という幻想―経済危機からどう脱出するか―』岩波書店.

唯物論研究協会編 [2000]『新たな公共性を求めて』青木書店.

ルドルフ, R.＝S.リドレー [1991] 岩城淳子・齋藤叫・梅本哲世・蔵本喜久訳『アメリカ原子力産業の展開―電力をめぐる百年の抗争と90年代の展望―』御茶の水書房.

歴史と方法編集委員会編 [2000]『日本史における公と私』青木書店.

Habermas, Jürgen [1990] Strukturwandel der Öffentlichkeit, Suhrkamp（ユルゲン・ハーバーマス [1994] 細谷貞雄・山田正行訳『公共性の構造転換』未来社）.

「北電総研ニュース」第52号, 2000年10月.

「行政改革会議中間報告」1997年9月.

「行政改革会議最終報告」1997年12月．
「郵政事業の現状」総務省，2001年7月．
「人事制度改革の基本的考え方」郵政事業庁，2002年10月．
「郵政三事業の在り方について考える懇談会」報告書，2002年9月．
「郵政事業の公社化に関する研究会中間骨子案」2001年11月．
「郵政事業の現状と課題」北海道郵政局，2001年．

あとがき

　本書は前著『第三セクターと公益事業』日本経済評論社，1999年の続編である．前著の主たるモチーフないし課題は，自治体など公共団体と私企業との公私混合企業である「第三セクター」における「公共性」とは何かを明らかにすることであった．自治体による公的規制の貫徹と私企業による経済効率の達成を二つながら追求し，両者のいいとこ取りを実現するとのうたい文句の下で出発した多くの「第三セクター」は，実態としては，直接・間接を含め私企業のための利得機会の場を提供するケースが目立った．また失敗した場合，あっさりと手を引く私企業に対する責任追及が十分にできないまま，もう一方の責任主体である自治体などが膨大な借金のため，自治体住民への負担拡大によって問題の「解決」をしなければならない例も多い．こうした具体例については前著に譲るとして，これらケースを分析する中で，筆者として一番気になったのは，公的規制の主体となることを期待されている自治体やその首長が標榜している「公共性」の意味合いである．自治体行政が遂行する事業それ自体が「公共性」あるものであるとする考えは依然として根強いものがあり，自治体イコール公共団体であり，これら団体の性質がすなわち「公共性」であるという認識はたやすく崩れそうもない．しかしながら，自治体のもつ「公共性」については，その二面的な性格を考慮しておく必要があろう．もともと，地域住民が自治体に対して「公共性」をほとんど無媒介的に付与するのは，地方自治体は国家政府とは異なり，むしろそれと対立する地方政府であり，地域住民にとっての自治団体であるとの理解があるからである．筆者は，地域共同のための自治機関としての地方自治体という考えに賛成であり，この面からの地方自治強化を強く主張したい．しかしながら，「第三セクター」がらみで表明される多くの自治体や首長の発言

はこうした考えに立脚したものであるとは言えず，逆に，国家的「公共性」の地方における体現者としてのものであり，それゆえ住民によって中央政府の地方機関的なあり方が強く批判されてきたことをわれわれは幾度となく確認してきた．

また，国家政府による公共事業の多くが地域住民のためと称しながら，実際は地域住民の基本的人権を踏みにじり，その人間としての存在を無に等しいものとしてしか扱ってこなかった経過を筆者は指摘してきた．その際，主張される「国家の利益」や「全体の利益」が「公共の利益」であるという認識は基本的には間違いであり，「公共」や「公益」は多数や全体の側にではなく，少数や個人の側にこそ帰属すると考える必要があることを前著における一定の結論とした．

その後，この結論を補強すること，また筆者自身の「公共性」認識をより深める作業をいくつかの論考を通じて行なってきた．本書はこれらの論考を元に若干の加筆・補正を行なうことによって取りまとめたものである．

初出を示せば以下の通りである．

　　序　　　離島の灯り（離島の灯りと公共性，北海学園大学『経済論集』第52巻第4号，2005年3月，はじめに）
　　第1章　エネルギー・環境と規制緩和（エネルギー・環境と規制緩和，北海学園大学『開発論集』第55号，1995年3月）
　　第2章　電力自由化時代のエネルギー産業（電力自由化時代のエネルギー産業，北海学園大学『経済論集』第48巻第3・4号，2001年3月）
　　第3章　有珠山噴火とインフラ整備のあり方（有珠山噴火とインフラ整備のあり方，北海学園大学『開発論集』第71号，2003年3月）
　　第4章　電力自由化の基本問題（電力自由化の基本問題，北海学園大学『経済論集』第51巻第2号，2003年9月）
　　第5章　公共圏論における公益事業の位相（公共圏論における公益事業の位相，北海学園大学『経済論集』第51巻第3・4記念号，2004年3月）
　　第6章　郵政事業の公社化と構造改革（郵政事業の公社化と構造改革によせ

て，北海学園大学『経済論集』第50巻第4号，2003年3月）
結　　無灯火集落解消問題と公共性（離島の灯りと公共性，北海学園大学『経済論集』第52巻第4号，2005年3月，1節以下）

　本書のベースとなった論考は以上の通りであるが，その中でも，筆者としては第5章を核として論述したつもりである．既述のように，公益事業学会はその学会名称として「公益」を冠するほとんど唯一の学会と言ってもよい存在である．近年，「公益学」という分野の確立を小松隆二氏が主張されているので，「公益」が「公益事業学会」の専売特許でなくなる可能性はあるが，戦後わが国における経済関連学会の中で「公益」を長く掲げてきた意義は小さくない．とりわけ，「公共の利益」「公益」を真っ向から取り上げ，論じてきた学会の蓄積は今さらながら重いものがあり，したがって，筆者としては，改めて「公益事業学会」における「公益」探求の歴史を跡づける作業の重要性を強調しておきたい．本書も，こうした作業の一環として生まれたものである．

　本書がもうひとつ念頭に置いた点は，法学，政治学，社会学，哲学など経済学との関連諸科学との連携である．戦後の学界にあっては専門化が著しく進み，専門を異にする各分野は互いに他分野に言及することをせず，また学ぼうとしない，いわゆる「たこつぼ化」現象が顕著となった．こうした現象は，公益事業学会にあっても例外ではなかった．一方で，精緻な経済学的分析と理論化が進むとともに，他方で，厳密な法制度的叙述と政策提起がなされる．しかも，それぞれがその水準を高めながらも，「公益」それ自体について統一した見解を提示する作業を十分に行なわないという事態が進行してきたのである．公共財理論，競争政策および独占禁止法関連理論等を通して展開される「公益」議論にその典型を見ることができよう．しかし，「公益事業学会」は，幸いなことに，ひとつの学会内にこの両傾向を抱えているのである．これを厄介な事柄とせず，むしろ学会発展の条件とすることが肝要であろう．筆者が，ハーバーマスの議論を「公益」概念探求の作業内に位置

づけようとしたのは以上の認識からである．

　今や「公共性」についての議論は，社会諸科学における共通テーマと言ってよいほど広く論じられる状況である．このような状況はもちろん基本的には歓迎すべきではあるが，いささか議論が拡散気味あるいはねじれ気味となっているようにも感じられるのは筆者だけではあるまい．国家が公共の担い手であるとする「お上」的公共性の幻想性については，かなりの程度解明されつつあるように思われるのだが，その一方で，「企業価値の増殖，すなわち投資家にとっての収益の増大の場が公共空間である」（「日本経済新聞」2005年5月10日参照）という田中直毅氏のような主張もあり，国家政府から「解放」された「公共性」を私的企業の側から積極的に絡めとろうとする気配すら存在するのである．こうした最近の議論の分析や評価については今後の課題としたい．

　これらを別としても，公益事業を具体的に論じながら，なお公共性の本質を探究するという筆者の意図がどこまで達成されたか，読者の批判を受ける部分が多々あるものと自覚している．しかしながら，2つの著作を通じて，今後の筆者の「公共」と「公益」探求の旅にとって一定の羅針盤を見出し得たのではないかと現時点で考えている．

　本書の刊行にあたっては，公益事業学会会員の諸先生，とりわけ縄田栄次郎先生，竹田繁先生には多くの重要な示唆をいただいた．また，立命館大学公共研究会の山口定先生，松葉正文先生には同研究会への参加と報告の機会を与えられ，「公共性」に関するわが国の議論状況に筆者が身近に接する道筋を示していただくとともに，貴重なご指摘をいただいた．ここにあわせてお礼申し上げたい．

　また，前著に続き，出版の労をお取りいただいた日本経済評論社社長栗原哲也氏ならびに清達二氏に対し，ここに心より感謝申し上げる次第である．

2005年7月

著　者

索　引

[あ行]

相対システム　105
アイヌ民族　110
アウトソーシング　159
赤井川村電気利用組合　194
足尾鉱毒事件　14
芦浜原発　38
後処理(バックエンド)費用　150
虻田町　62
虻田発電所　73
安房電気利用組合　3
尼崎ユーティリティサービス　89
あまねくサービス　161
アメリカ北東部大停電事故　85
アメリカ連邦破産法　40
アラブ石油輸出国機構(OAPEC)　7
アルゲマイネ AEG 社　92
アングロサクソン的経済システム　174
イーレックス　88
イギリス核燃料会社　38
一般廃棄物　16
一般電気事業者　22
インターネットサービス　162
インフラ(インフラストラクチュア)　58
有珠山噴火　61-
有珠山噴火非常災害対策本部　78
営業特権(フランチャイズ)　141-142
エッセンシャル・ファシリティ　104, 145-
NKK　40
NTT　63, 160-161, 167
エネット　88
エネルギー安全保障　44-45
LNG　45

LPG　45, 57
LPガス協会　63
エンコム　40
エンロン　40, 90, 149, 175
応益原則(受益者負担原則)　165
王子製紙　194
大口電力　27, 94
大阪ガス　51
大阪電燈　92
オープン・アクセス　104
長流川　67
長流川洪水取入所　67, 74
オッターテイル電力事件　141-
卸供給　39
卸供給入札制度　40, 87
卸電気事業　39
オンサイト電源　90

[か行]

開拓地電気導入補助　189
外部不経済　18-19
ガス導管開放　52
過当競争体質　53
株式資本主義型資本主義　176
上的公共性　115, 147
上屋久町　2
カルテル体質　53, 86
川北電気購買利用組合　194
簡易ガス事業　52, 65
環境汚染　8, 12
環境負荷　14, 16, 19, 30
関西電力　40, 70, 74-75, 88
間接金融　180
間接償却　171

官民活動分担小委員会　165
幾何級数的耐用年数　9
規制緩和　21, 174
規模の経済　25, 47-48, 50
九州電力　2-4
供給義務　22-23, 161
供給責任　3, 54
供給元証明制度　53
共同国家　25, 28
共同(受電)自家用(方式)施設　2, 193
京都会議　41-42
金融再生法　171
金融ビッグバン　181
久保内発電所　66
クラウディングアウト　178
クリームスキミング　4, 169-170
グレンジャー運動　137, 139, 143
グローバリゼーション　54
経済的規制　28-29
原子力立地地域振興法案　43
幻想的公共性　115
原油公示価格　7
コア需要家　105
広域連系　64
公営ガス事業者　51
公営電気事業者　142
公益(性)　5, 187
公益学　215
公益原則　140, 144
公益事業　5, 21-22, 25-26, 38, 46, 97, 103, 109, 139, 161
公益事業委員会　144
公益事業学会　111, 215
公益独占　152
公害　12
公開性　117
公害輸出　17
公共規制　17, 19-20, 25, 30, 54
公共圏　110-, 203
公共財　31
公共性　110-, 175

工業整備特別地域　15
公共投資　19
公共の福祉　112
公私混合経営　25
合成の誤謬　173
構造改革　38, 158-
公道使用権　49
神戸製鋼所　87
公法学会　111
高齢社会　178
公論　117
コージェネ(コージェネシステム)　4, 52, 56-57, 90, 95-96, 103
国際石油資本　8
国鉄　166
国有企業　25
50ヘルツ地域　92
護送船団方式　86
国家公共性　137
ゴミ越境問題　17
コモン・キャリア　104
コンビニ(コンビニエンスストア)　157, 159

[さ行]

サイクル変換所　93
財政改革　171-
財政投融資　181
裁判外紛争処理機関　29
佐川急便　157
佐久間サイクル変換所　93
札幌駅南口エネルギー供給　97
札幌エネルギー供給公社　100
サロン　120
産業革命　11
産業廃棄物　16
産業用電力　27
産業立地論　13
酸性雨　19
参入規制　23
CIM(コンピュータによる統合生産)　174
GE　92

索　引

JR　63, 100
JA屋久島　3
JCO　37
J.ローン　173
自家発電　27, 55, 195
資源枯渇　8-9
資源ナショナリズム　8
自己責任　30
自己認証制度　30
市場原理　20-21
市場財　95
市場の失敗　17-19
自然エネルギー促進法案　43
自然独占　22, 25-26, 47-48, 94
指定地区制度　53
私的独占　152
品川白煉瓦　41
シビルミニマム　31, 58, 161, 188, 201-
市民的公共性　5, 110-, 203-
シャーマン法　142
社会公共性　137
社会資本　18
社会的規制　26, 28-31, 44, 47
社会的共通資本　203
就業者　179
集積の利益　18
住宅部品PLセンター　29
準公共財　165
純粋公共財　165
消費生活センター　29
消費相談室　29
昭和電工　14
所得の再分配　27
新産業都市　15
新信濃変電所　93
新自由主義　21
新植民地主義　8, 13
信書便法　157, 168
新マルサス主義　13
諏訪エネルギーサービス　89
生産年齢人口　178

生産の無政府性　28
製造物責任法　29
成長の限界　9
政府の失敗　18
セーフティネット　178
世界保健機構（WHO）　15
石油危機　7-9, 45
石油業法　44
石油元売　53
石油輸出国機構（OPEC）　7
セルフコントロール　31
セントラル・ヒーティング　97
専売公社　166
総括原価主義　26
綜合エネルギー調査会　42, 148, 150
壮瞥町　62
壮瞥発電所　73

[た行]

ダイオキシン　15
第三セクター　97, 203, 213
耐震化　62
第2次臨時行政調査会　21
ダイヤモンドパワー　88
太陽光発電　42-43
第4次中東戦争　7
ダイレクトメールDM　167-170, 184
託送　27, 94, 104-105
伊達ガス事業組合　66
伊達漁協　68
伊達市　62
伊達発電所　66
田中鉱業轟鉱山　194
炭素税　20
地域寡占　50
地域新エネルギー導入促進事業　99
地域独占　23, 48-51
小さな政府　21
地下鉄廃熱利用システム　102
地球温暖化　13
地球環境の限界　11, 13

チッソ　14
地点供給　102
中央省庁等改革基本法　164
仲裁センター　29
中部電力　38, 40, 88, 94
長期エネルギー需給見通し　42, 56
重複投資　23
直接償却　171
TVA　143
天売・焼尻　1
電気施設協同組合　2
電気導入組合　2
電源開発株式会社　55
電電公社　166
電力取引所　147
電力負荷平準化　99
投機　176
東京ガス　51
東京電燈　92
東京電力　38, 88
統合財　92
同時同量　92
投資の埋没性　23, 47, 50
道南バス　63
動燃　38
東邦ガス　51
東北電力　38, 43, 88
洞爺環境保全対策協議会　67-68
洞爺発電所　66
道路関係4公団民営化推進委員会　181
トーメン　40
独占禁止法の適用除外　23, 47
独占留保分野　166-167, 169
特定規模電気事業　39, 87, 94
特定供給　4, 27, 94, 102-103, 194
特定製造所　65-66
特定石油製品輸入暫定措置法　53
特定電気事業　39, 94, 102-103
特定郵便局　158
独立行政人　164, 166
独立系統運用組織　105, 146-

独立採算制　169
独立電気事業者　87
都市再開発事業　4
苫前町　40
富山イタイイタイ病　14
トヨタ　39, 88, 180

[な行]

内部補助　166, 201
新潟水俣病　14
日石三菱　53
二風谷ダム訴訟　110
日本環境認証機構　31
日本原電　38
日本的経営　174-175
日本郵政公社法　157
熱汚染　13
熱供給事業　21, 89, 96
熱供給事業法　97
ネットワーク事業　64
農山漁村電気導入促進法　189, 190
農村電化　189
農村電化法(アメリカ)　143
農林漁業資金特別融資法　190

[は行]

パイプライン　52
ハザードマップ　61, 67, 77
蜂の巣城問題　137
発電機車　78, 81
Public Utility　137, 139
バブル景気　175
破滅的競争　50
ビッグワン　54
必需財　22, 24, 46
必需性　44, 109, 187
必需品　7
標準原価方式　26
貧困問題　20
風力発電　42
プールシステム　105

不良債権　170-
ブロック化　62
プロパンガス事業者　51
文化享有権　110
噴火湾　72
文芸の公共性　120
分散型エネルギーシステム　96
分散型電源　96
平成コメ騒動　7
へき地電気導入補助　189
北海道ガス　64, 97
北海道地域暖房　99
北海道電力(北電)　1-2, 5, 42-43, 63-, 197-
北海道熱供給公社　99
北海道郵政局　63

[ま行]

マイノリティ　110
マン対イリノイ事件　139, 152
三菱商事　40
民営化　21
民活法　175
民間委託　159
民間活力　21
無灯火集落(部落)　188
室蘭ガス　65
メール便　168
MOX　38
もんじゅ　38

[や行]

屋久島　2, 5
屋久島電工　3
屋久町　3
ヤマト運輸　157, 169
有人セルフ方式ガソリンスタンド　53
融通電力　64, 66-67
郵政公社設立会議　182
郵政民営化　170
ユニバーサル・サービス　3, 57, 149-, 161, 182-, 188-, 201-
四日市公害　14
予防停電　70

[ら行]

ライフライン　46, 62-, 162
離島振興法　189
リゾート法　175
臨界事故　37
輪番停電　104
ローソン　159
ローマクラブ　9
60ヘルツ地域　92
六本木エネルギーサービス　89
ロボット元年　174

[わ行]

ワンストップサービス　158

著者紹介

小坂 直人(こさか なおと)

北海学園大学経済学部教授．1949 年生まれ．北海道大学経済学部卒，東北大学大学院経済学研究科博士課程単位取得退学．東北大学経済学部助手を経て現職．
主著：G.アンブロジウス著『ドイツ公企業史』(共訳)，梓出版社，1988 年．『揺れ動く現代世界の経済政策』(共編著)，日本経済評論社，1995 年．『第三セクターと公益事業』日本経済評論社，1999 年．『新版・現代工業経済論』(共著)，創風社，2000 年．『ネットワーク・ビジネスの新展開』(共著)八千代出版，2004 年．
E-mail: kosaka@econ.hokkai-s-u.ac.jp

公益と公共性
公益は誰に属するか

2005 年 11 月 5 日　第 1 刷発行
2010 年 4 月 30 日　第 2 刷発行

定価(本体 2800 円＋税)

著　者　小　坂　直　人
発行者　栗　原　哲　也
発行所　株式会社　日本経済評論社

〒101-0051　東京都千代田区神田神保町 3-2
電話 03-3230-1661　FAX 03-3265-2993
E-mail: info8188@nikkeihyo.co.jp
振替 00130-3-157198

装丁＊渡辺美知子　　　　　藤原印刷・根本製本

落丁本・乱丁本はお取替えいたします　　Printed in Japan
Ⓒ KOSAKA Naoto 2005
ISBN4-8188-1804-6

・本書の複製権・翻訳権・上映権・譲渡権・公衆送信権(送信可能化権を含む)は，㈱日本経済評論社が保有します．
・JCOPY ⟨㈳出版者著作権管理機構　委託出版物⟩
本書の無断複写は著作権法上での例外を除き禁じられています．複写される場合は，そのつど事前に，㈳出版者著作権管理機構(電話 03-3513-6969，FAX 03-3513-6979，e-mail: info@jcopy.or.jp)の許諾を得てください．

公私分担と公共政策
金澤史男編　本体 5600 円

自由と公共性
－介入的自由主義とその思想的起点－
小野塚知二編著　本体 3200 円

東アジアにおける公益思想の変容
－近世から近代へ－
陶徳民・姜克實・見城悌治・桐原健真編　本体 3800 円

第三セクターと公益事業
－公益と私益のはざま－
小坂直人著　本体 3000 円

日本経済評論社